いつも目標達成ができる
稼ぐチームを作る

リーダーの「人の動かし方」

Leader

草地 真
Makoto Kusaji

ぱる出版

まえがき　～イマドキの部下を動かすトリセツ・個別対応マニュアル

先が見えない世の中です。

東京オリンピックまではともかく、その先の日本について確実に何かを予言できる人はだれもいません。そんな中、今、空前の「未来予測ブーム」が訪れています

人口減少や高齢化、医療や福祉、地方創生、環境問題など、わかりやすい要素はあるものの、情報化、デジタルデジタルテクノロジー、ＡＩ……といった新しい技術や考え方が、これまでの社会を築いてきた様々な要素とどう絡み合って、どんな社会を作っていくのかについては、諸説飛び交うものの謎のベールに包まれています。

企業や組織に働く「人とマネジメント」の問題も同様です。

「ミレニアル世代」（＝１９８０年代以降に生まれた人たち）と呼ばれる、新たな時代に生まれた育った人々が本格的に社会に出てくる中で、まったく新しいマネジメントやコミュニケーションのやり方が必要です。高度成長も、バブル崩壊も「歴史教科書の世界」にすぎず、他方でリーマンショックや３・11をリアルに体験しつつ、生まれた時からインターネットやスマホを「第２の自然」として生きてきたこの世代に対しては、これまでの

やり方ではマネジメントできません。ネットの発達によって上司と部下が同じ情報を持つようになった組織やチームで人を動かすには、まったく新しい発想が必要なのです。

本書は、新しい時代のマネジメントとチームビルディングのもとになる「人の動かし方」について、理解とともに実践的な手法を解説しました。いつの時代も「イマドキの若い者は……」とぼやくマネージャーやリーダーは多いですが、ミレニアル世代以降については、まったく新たな局面を迎えています。そこでは単に、自らの強いリーダーシップで「主役」として引っ張っていくリーダーではなく、メンバー（役者）一人ひとりの個性や持ち味、やりたいことを本当に引き出して、その結果としてチームを一つの方向に導いていく、正に「舞台監督」や「ディレクター」のようなリーダーが求められています。

監督は決して舞台に上がることはないものの、キャストの個性を全部知り尽くして持ち味を出していく、すべてを知りながら自分は表に出ない、そんなリーダーとして「人を動かして」行かなければなりません。

本書が、新たな時代のリーダーを目指す方の一助になれば、幸いです。

草地　真

イマドキの
部下を動かす
トリセツ

いつも目標達成ができる稼ぐチームを作る

リーダーの「人の動かし方」

●もくじ

第1章 なぜイマドキの部下は動かないのか

第2章 上司と部下の言葉が通じない職場の風景

第3章 イマドキの部下のトリセツ

第4章 実践！ 稼ぐチームの仕事の進め方

第5章 イマドキの部下の仲間意識を活用してホントのチームを作ろう

第6章 これからの時代の「チーム」と「リーダー」の役割

第1章

なぜイマドキの部下は動かないのか

1 そのたとえ古すぎません？伝わるように話さないから動かない

あるミーティングで、上司が部下を相手にこんなことを言いました。

「だめだよ、お客様や仕事の先行きを予測して、もっと先読みしながら商談を進めなきゃ。ほら、あるじゃない、地下鉄どこから入れたんだろうって漫才。商談をはじめる前に、こんな提案をしたらお客様が何て思うか、どう反応するか、相手が興味を持ちそうなことを先読みして、要所要所にあらかじめ埋め込んで仕込んでおかなきゃ……」

聞いていた部下たちは唖然、何を言われたのかわかりません。

上司としては、仕事上の注意で固くなりがちな雰囲気を、少しでも和らげようと出したたとえの地下鉄漫才、見事にハズレたようです。

地下鉄漫才とは、1970年代後半に漫才界を一世風靡した、春日三球・照代の夫婦漫才のネタです。その掛け合いはこんな感じでした。

三球「…しかし、地下鉄の電車をどっから入れたんでしょうねぇ。それ考えると一晩中眠れなくなるの」

照代「あなたも面白いこと言うわね」

三球「あらかじめ電車を地下に埋めておいてトンネル掘りながら『確かこの辺に埋めたよなー』『あったぞあったぞ、電車が』なんて」

照代「そんなわけないじゃないの」

三球「じゃ、あなた知ってるんですか？」

照代「当たり前じゃない。地下鉄の階段から入れたんですよ」

三球「え、そうなんですか？」

照代「常識よ」

三球「そうなんですか。よく改札が通れましたねぇ。それ考えると、また眠れなくなっちゃう」

照代「寝りゃいいじゃないの。眠そうな顔をして」

スマホもネットもなく、情報と言えば新聞・雑誌やテレビ、映画といったものしかなかった昭和の時代、テレビ寄席は娯楽の定番でした。現在50代半ばのこの上司が小学生の頃に、テレビの寄席番組でたびたび見聞きしたのがこの漫才ネタだったのです。

ところが、これを聞かされた部下たちは30代半ばから40代前半。まだこの世に生まれたかどうかも微妙な世代です。当然、地下鉄漫才など知る由もありません。上司の言葉に唖然となるのも当たり前のこと。仕事上の指示や注意をリアルにわかってもらおうと冗談交じりで言った上司の言葉は、単なる〝意味不明な話〟になってしまいました。

「最近、言葉が通じない」「部下やメンバーとわかり合えない」といった声をよく耳にします。もとより〝最近の若い者は……〟という世代間の考え方の違いというものは、昔からあったと思いますが、どうも最近の若い人はこれまでとは違った行動や反応をする、何をどう伝えれば動いてくれるのかわからない、という上司やリーダーも増えています。その原因の一つに、この「世代ギャップ」があります。

「最近の新人は本当に扱いにくい」と言う前に、まずは冷静に「時代と世代の関係」を理解することから始めませんか。組織やチームを動かすには、あれこれのテクニックや方法よりもまず、「メンバーの育った時代を理解すること」が早道です。

―POINT―▼イマドキの人に伝えて・動かすには、その人が育った「時代」を知ろう

❷ そもそも育った時代背景が違うのだから伝わらないのが当たり前？

第2次大戦後以降の経済成長率を見ていくと、大きく3つの段階に分かれます。
①1960～1970年代前半：経済成長率10％前後
②1970年代後半～1990年代前半：経済成長率5％前後
③ミレニアム（千年紀）以降：経済成長率マイナス～プラス2％程度
そして、それぞれの時代に生まれ育った世代との関係を見ていくと、
①の時代：ポパイ・JJ世代／バブル・新人類世代
②の時代：団塊ジュニア世代／ポスト団塊ジュニア世代
③の時代：さとり世代～ゆとり世代
という形で、世代の特徴を見て取ることができます。

多様化と個性化をきわめる今の時代に、世代論がどこまで有効かとのご指摘もあるかもしれませんが、人の「生育歴」はその人や世代を強く特徴づけます。果たして成長率10％時代の世代と0％時代では、育った人はどれぐらい違うのでしょうか。

①の世代は、小中学生の頃には東京オリンピックや大阪万博があり、正に経済成長真っただ中で育ちます。親も世の中も「もっと売れる、もっとよくなる」と思って頑張りました。そんな時代に成長して、企業業績も上り調子の中で就職。会社に入っても、バブル崩壊を経験しながらも「5％成長」の中でそこその気持ちを持ち続けます。特にバブル・新人類世代は20代がバブル期にあたるため、崩壊したとは言え当時の記憶が残っています。

②の世代は、学齢期はバブル経済の下、東京ディズニーランドや昭和〜平成への変化、ベルリンの壁崩壊など社会の高揚感を受けながら育ったものの、就職直後から「0％成長時代」に突入します。

追い打ちをかけるようにリーマンショックが起きた時には、30〜40代という職場の中堅に。そんな彼らは、「社会を変えよう！」「革命だ！」とバリケードに立てこもった親世代（団塊世代）とはうって変わって、社会や会社の割を食って昇進・昇給もままなりません。さらにポスト団塊世代になると「草食系」と呼ばれるようにガツガツせず、冷静な感覚を持つようになります。

そして③の世代です。昨今「ミレニアル世代」ということが言われますが、１９８０年代以降に生まれたこの世代は、物心ついた時には「0％成長」の平成の世の中で、バブル時代の記憶も実感もありません。ジュリアナ東京のお立ち台で、若い女性が躍るテレビ映像は、もはや歴史上の出来事です。彼らは、阪神大震災やオウム事件、アメリカ同時多発テロなど、大人たちが「歴史上初めての出来事だ！」と驚いている中で、それらを「ふつうの事件」の一つとして、歴史の教科書に出てくる事実と捉えます。他方で、物心ついた時にはインターネットやスマホがあり、デジタルに対するアレルギーはあるはずもなく、正に「第二の自然」として水や空気のようにネットを使いこなします。

このように経済成長率10％時代と0％時代では、同じ日本の、同じ地域で生まれ育ったとしても、まったく違う人になってしまうのです。

③の世代の一番下には、ウィンドウズ95が発売された年に生まれ、ゆとり教育を全面的に受けてきたミレニアル世代がいます。果たして彼らは何を考え、今の世の中や会社、そしてあなたの職場をどのように見ているのでしょうか。

（世代区分は原田曜平氏作成のものを参照：『日経ビジネスアソシエ』2018年6月号18頁参照）

POINT ▼育った環境はまったく違う人とどうコミュニケーションをとっていくかが最大の課題

内閣府サイトに加筆

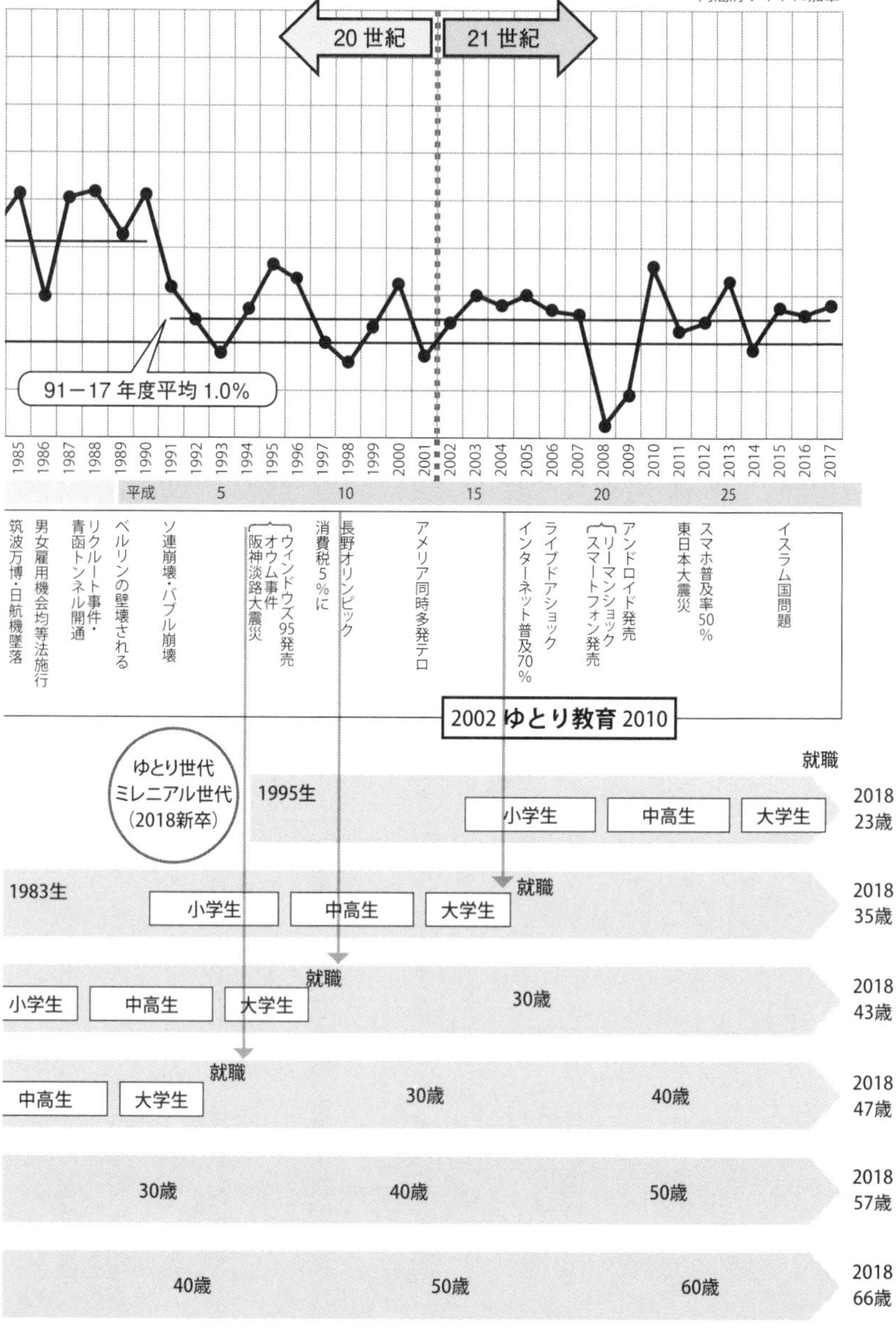
20世紀
21世紀
91−17年度平均1.0%
1985
1986
1987
1988
1989
1990
1991
1992
1993
1994
1995
1996
1997
1998
1999
2000
2001
2002
2003
2004
2005
2006
2007
2008
2009
2010
2011
2012
2013
2014
2015
2016
2017
平成
5
10
15
20
25
筑波万博・日航機墜落
男女雇用機会均等法施行
リクルート事件・青函トンネル開通
ベルリンの壁壊される
ソ連崩壊・バブル崩壊
阪神淡路大震災
オウム事件
ウィンドウズ95発売
消費税5%に
長野オリンピック
アメリア同時多発テロ
インターネット普及70%
ライブドアショック
スマートフォン発売
リーマンショック
アンドロイド発売
東日本大震災
スマホ普及率50%
イスラム国問題
2002 ゆとり教育 2010
ゆとり世代
ミレニアル世代
(2018新卒)
1995生
小学生
中高生
大学生
就職
2018
23歳
1983生
小学生
中高生
大学生
就職
2018
35歳
小学生
中高生
大学生
就職
30歳
2018
43歳
中高生
大学生
就職
30歳
40歳
2018
47歳
30歳
40歳
50歳
2018
57歳
40歳
50歳
60歳
2018
66歳

3つの世代の時代背景

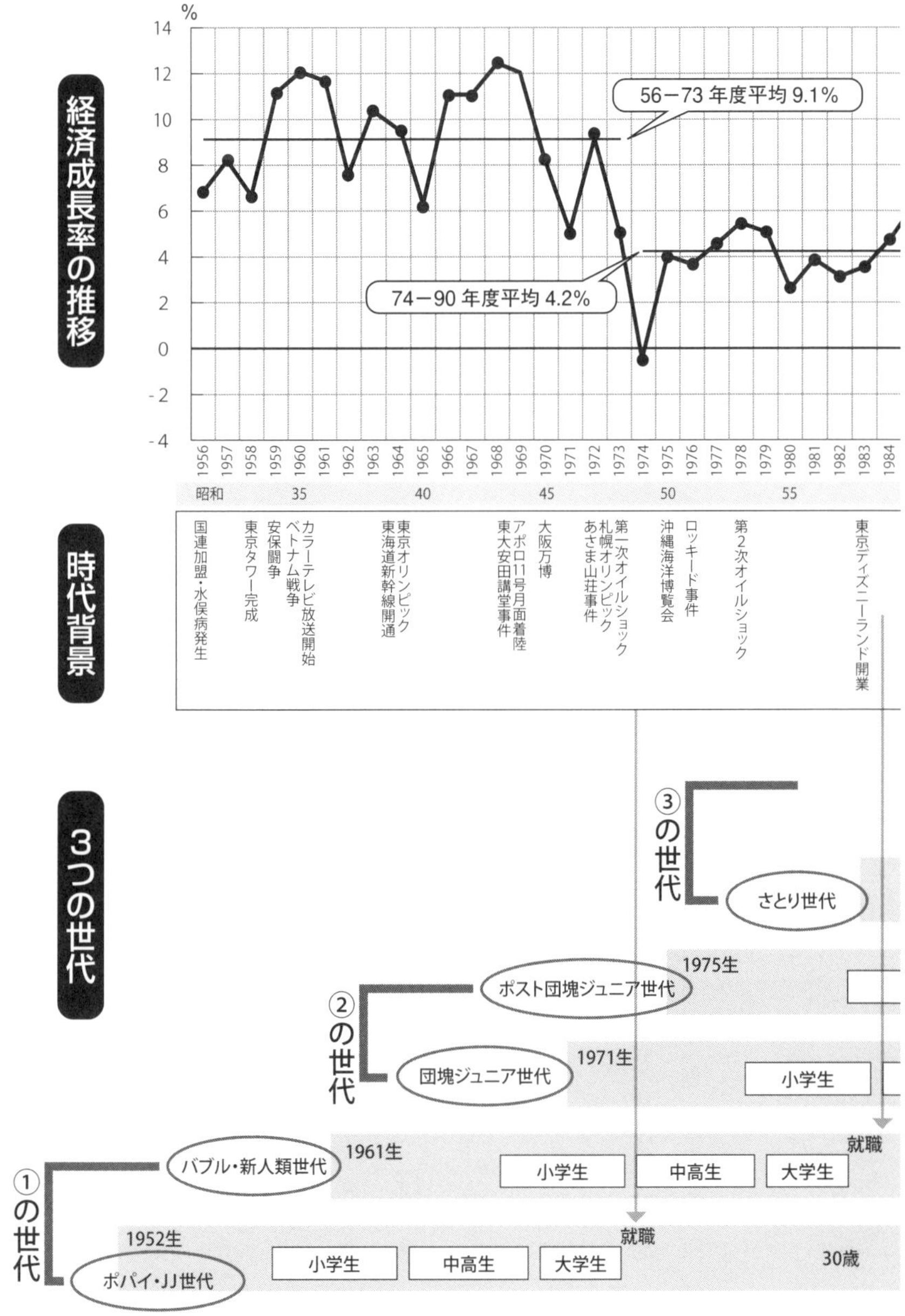

経済成長率の推移
%
14
12
10
8
6
4
2
0
-2
-4
56−73 年度平均 9.1%
74−90 年度平均 4.2%
1956 1957 1958 1959 1960 1961 1962 1963 1964 1965 1966 1967 1968 1969 1970 1971 1972 1973 1974 1975 1976 1977 1978 1979 1980 1981 1982 1983 1984
昭和 35 40 45 50 55
時代背景
国連加盟・水俣病発生
東京タワー完成
安保闘争
ベトナム戦争
カラーテレビ放送開始
東京オリンピック
東海道新幹線開通
アポロ11号月面着陸
東大安田講堂事件
大阪万博
第一次オイルショック
札幌オリンピック
あさま山荘事件
沖縄海洋博覧会
ロッキード事件
第2次オイルショック
東京ディズニーランド開業
3つの世代
③の世代
さとり世代
②の世代
ポスト団塊ジュニア世代
1975生
団塊ジュニア世代
1971生
小学生
①の世代
バブル・新人類世代
1961生
小学生
中高生
大学生
就職
ポパイ・JJ世代
1952生
小学生
中高生
大学生
就職
30歳

3 AIに足切りされるデジタル世代の恐るべき就職事情

いつの時代も、また誰にとっても「就職活動」には何とも言えない理不尽さがあります。それは、『就活のバカヤロー』（大沢仁・石渡嶺司著、光文社新書）という本がベストセラーになるように、人が人を選ぶ、ということには原理的に無理があるということを示しているからです。

ドイツの社会学者のマックス・ウェーバーは、こんなことを言っています

「大学の教員は誰しも、自分の就任のいきさつを回想することを好まない。というのは、それが愉快な思い出であることはほとんどないからである。……（中略）……大学の教授の運命がほとんど「僥倖」（偶然に得た幸運）によって決定せられるのは、集団的な意思によって行われる人選にはつきものの欠陥のためだけではないということを、立ち入って、明らかにしなくてはならない」（出口勇蔵訳、河出書房新社『職業としての学問』）

そしてウェーバーは、学者として優れているかどうかとはまったく関係のない、学生への人気や講義への出席人数といったもので大学教員が評価されることに、多くの問題を指

摘します。

人が人を選ぶことの限界……そんなことすら呑気《のんき》に聞こえる時代を実感させられるのが、次の川柳です。これは2018年、「楽天・みん就」が募集した就活川柳で大賞をとった作品です。

わがES　人工知能に　祈られる

就活生にとっては、考えて、思いを込めて、5〜6時間もかけて書いたES（エントリーシート）。他方で企業側は、集まってくる多くのESを効率よく処理するために人工知能（AI）を導入し、ESシートの志望動機や経歴を読み込ませて、その内容から瞬時に足切りを判断。そして不合格者へのメールの末尾には「今後のご健闘をお祈りします」と書かれて、人工知能に「祈られる」。この悲哀を見事に表現した一句です。

「会社の人事は理不尽なもの……」ということはある程度以上の「大人」には常識ですが、ここには、多くのサラリーマン川柳が表す会社の実態を見る前から、精神的にはそれ以上の悲哀を感じつつ「そんなものか」と思わざるを得ない今の若い世代の心が表れています。そこには上の世代が思うよりもはるかに成熟し、大人びた、悟りきったスタンスを感じることができますが、他方で、生まれた時からスマホとインターネットに囲まれて育ったミレニアル世代にとっても、何とも言えない理不尽さが漂っていることも感じます。それは、

WEBでのやりとりが当たり前になったデジタルな世の中では、このぐらい冷めたまなざしで捉えていかないと生きていけないという、彼らの世代の「諦念」（諦め）なのかもしれません。

もしかしたら、この世代にとってはSNSのタイムラインに流れてくる情報や仲間とのやりとりも、就職希望会社からの「不合格お祈りメール」も、同列に見えているのかもしれません。むしろそう思わないと、生きていけないのではないか……そうした、世の中の序列や物事の意味というものをなくしてフラットにしていくことが、デジタルテクノロジーの大前提になっています。

就活は、人が初めて世の中で「働く」という現場に触れる時です。そこでの経験は一生記憶に残ります。そこでどんな経験を経て就職し、職場に配置されるかということは、その人にとっても、また会社にとってもきわめて重要な問題です。

どうすればイマドキ世代が動くか、それにはイマドキ世代の生まれ育った時代とともに、どういう環境要素の中で就活し、入社・配属されてきたかということへの理解が必要です。

━POINT━▼デジタル時代の「申し子」たちの思いを想像しよう

4 イマドキの部下と仕事をするには これまでのやり方が通用しない覚悟が必要

言い方はいろいろですが、「最近の若い者は……」という言葉は、会社や組織で働く人には共通の思いです。それは、男女・年齢を問わず、自分より〝下の年次の人〟と関係を持ったあらゆる「組織人」が口にします。歴史をたどると、今日と同様に「最近の若い者ときたら云々……」というのは大昔からあったというのですから、人類の歴史と共に「最近の若い者」はいたようです。就職支援業界が、毎年、「今年の新入社員は○○型」などとレッテルを貼ってきたのもその表れです。

しかし、ゆとり世代以降現われた「最近の若い者」には、これまでの延長にない特徴があることが、業種業界を問わず各方面から叫ばれています。手ごたえがないどころか何を考えているのかわからない。どうしてそういう反応をするのか見当がつかず、取扱い方にほとほと困っている、というのです。そこで困っているのがかつて「新人類」と呼ばれた50代の管理職やリーダーなのですから、事は深刻です。

彼ら、ゆとり~ミレニアル世代は、次のような特徴があると言われます。（『若手社員が

育たない』豊田義博著・ちくま新書35頁参照)

①まじめ・優秀……ゆとり教育の成果なのか、とにかく素直でまじめです。

②待ちの姿勢………指示待ち人間、とはいつの時代も言われてきましたが、とりわけこの世代の人を「動かす」のは一苦労です。

③自己実現思考……手仕事に自己実現を求めるべきだという、彼らが育った社会と教育を反映しています。

④低意欲…………人によりますが、自分のためになるかどうかで意欲の格差が大きいです。

⑤フラット………特定のイデオロギーや主義に染まっていないので、純真無垢です。

⑥打たれ弱い………「ほめて育てる」ゆとり教育の影響でしょうか、何気ない注意の一言で翌日辞表を出されたりします。

⑦リスク回避思考…「我に七難八苦を与えよ」などということは考えられません。

⑧無個性…………自分は人とは違う、と強く思っていますが、表には出しません。

⑨さとり…………「経済成長社会」など観念できない世代です。

⑩ドライな関係……飲み会も少なくなり、そもそもお酒を飲まなくなりました。

⑪自分の時間重視…自己実現のために自分の時間を大切にします。もし仕事が自己実現に

つながるとなれば、ものすごく仕事に傾注します。

これらの特徴は、大人たち（＝若い世代を使う側）が勝手に感じたり思っていることなので「片手落ち」きわまりないレッテルです。また若者個人や業種業界、その企業や組織の風土によって大きく異なることは当然のことですが、それでも「ゆとり～ミレニアル世代」には、それ以前の○○世代とは異なる、際立った特徴があると感じている方が多いのではないでしょうか。

以下は、「若いスタッフ」との関係で実際に体験したことです。コンビニをはじめ最近の店舗では外国人に接客されることも多く、「日本語が通じない！」と思うことも多いのですが、これらはあくまでも若い日本人スタッフとの日本語のやりとりです。

若いスタッフに仕事を任せた皆さんにも、共通の体験があるのではないでしょうか。

【事例1】

・ファーストフードの注文カウンターで。

私　「アイスティーをください」

店員「紅茶ですか？　コーヒーですか？」

私　「紅茶です」

店員「アイスですか、ホットですか？」……

↓（特徴）注文受付用のレジ端末から発せられる「クエスチョン」の順番でないと会話にならないのです。スマホ〜タブレット世代によく見られます。あらかじめ仕事全体を把握せず、その時々の画面の指示だけに従って対応します。

【事例2】

・マンション管理会社のエアコンクリーニングのチラシを見て電話をした管理会社のオペレーターに、ちょっと詳しいことを聞こうとすると……、

「私の仕事はお客様のご要望を、業者の方にお伝えすることです！」

とピシャっと、キレ気味に断られました。

【事例3】

・仕事を指示した若手社員が、わからないまま放置して期限に間に合わなかった時、

私「どうしてわからないならわからないと聞かなかったの？」

部下「あなたが忙しそうにしていて、聞くタイミングがわからなくて……」

↓部下に（あなた）と言われてギクリとしました。

【事例4】

・新しくマネージャーに昇格した若手男子が、急に高圧的態度をとるようになって周囲か

ら文句が出始めたので注意すると、
彼「マネージャーになって偉くなったから、みんな自分に従うはずだと思うので……」
という返事。純粋素朴に、「マネージャーは偉い人だ」と思っているようで、ちょっと
驚いた……。

事の根深さは、イマドキの若手はこうした対応について、特に悪意はないということ、むしろ「自分の仕事が間違っているなら、**それならそうと先に言ってほしい**」と思っている点です。彼らは、システムも組織も会社も、それ自体として整然と動いていくものだと思っています。社会人であればすぐに直感する会社組織の矛盾や対立、その中で折り合いを付けながら生きていくすべを身につけることがなかなかできず（もちろんよく身についている賢い若手もたくさんいます）、さらに「自分自身の成長と自己実現」が重なって転職を繰り返す〝夢見る若人〟もたくさんいます。

果たして彼らをどう理解し、いかにコミュニケーションして仕事を「伝えて」いけばいいのか、この世代のことをもうすこし見てみましょう。

━POINT━▼イマドキの部下は「自分が間違っているなら先に言って欲しい」と思っている

5 芯はまじめで素直なのがイマドキの人の特徴

ある新人社員が入社後に本配属された職場について、こんなことを言っていました。

「ミーティングの時は部長のことを本当に持ち上げて、みんなで感謝の言葉を言ってるくせに、部長がちょっと離席していなくなった瞬間に悪口を言い出して、部長が戻ったらまた前のモードになって……こんなドラマみたいなことが本当にあるんですね！」

それはだれもが会社に入れば経験することです。こういう体験を繰り返しながら「大人」になっていくのが世の習い……ではあるのですが、イマドキ世代にはそれでは通用しません。なぜなら彼らが育ってきた時代は、何が「本音」で何が「建前」なのかがわからなくなるほど、あまりにも変化が激しい世の中だったからです。

たとえば、今年（2018年）の新卒社員が生まれた1995年は、阪神淡路大震災・地下鉄サリン事件・ウィンドウズ95の発売、という歴史的な事件の年でした。しかしその後の山一證券や拓銀の破たん（1997年）も、アメリカ同時多発テロ（2001年）も、小学校入学前のこと。歴史的大企業がつぶれてなくなるのも当たり前な世の中で、ニューヨークのツインタワーの衝撃映像の記憶もおぼろげなまま小学校に入ります。

彼ら彼女らは、小学1年から中学3年まで「ゆとり教育」の下で、それまでの「詰め込み教育」から大きく転換した教育を受けます。算数では円周率は3・14ではなく「およそ3」と習い、〝総合的な学習の時間〟では科目を横断した様々なテーマについて「調べ学習」やグループごとの話し合いをしました。そのような学校教育を通じて、「人の話をよく聞いて、自分の意見をしっかり言う」「相手を尊重し、良さを見つけて共感する」というしごくまっとうな教育環境の中で学校生活を過ごします。しかしそれは他方では、「褒めて育てる」教育方針のもと、打たれ弱く、人を出し抜くことなど恥ずかしい、といったこの世代の特性に帰結します。

中学に入った年（2008）には、リーマンショックとスマホの発売が同時に起き、大人たちが大騒ぎしているのを横目で見ながら、ケータイとともに中学・高校生活を送ります（彼らの生まれた1995年もそうですが、この世代は常に「自然や社会の大事件」と「情報革命」が同時に押し寄せます）。東日本大震災が起きた2011年には15歳です。そして受験。試験の結果によってコンピューターでランク付けされた高校・大学を経て「リクナビ」を通じて就活する……その結果が、先に挙げた就活川柳です。

この世代の目には、それ以上の世代にとっての「未曾有の出来事」も驚きとしてではなく〝前提環境〟として映ります。経済成長はすでに右肩下がりどころか、リーマンショックのようなことが起きるのはあたり前。未曾有の震災は起きるし今後もわからない、少子高齢化は世界一のスピードで進んで行く。片やスマホやPCなどの情報デバイスは空気のように身近で、身体の延長のようなもの……このような激変と矛盾の環境の中で育っていることそのものが、この世代にとってはすでにあたりまえの「前提環境」なのです。

かつて「偏差値」というものが初めて紹介された1970年代には「人間を区別し、差別するものだ！」として多くの批判や避難を浴びました。それが今や、いかに受験生の学力を正確に測定し、志望校のレベルと最適マッチングをはかるか、そして各受験生のレベルや理解ポイントに応じて「個別指導」していくか、そのために受験生と塾産業には欠かせない〝前提ツール〟になっています。

いまや、偏差値は人間を差別するものどころか、受験生一人ひとりが自分の目標を正しく設定して、その中で各人なりの努力を引き出すための大切な道具になったのです。

自然も社会も、歴史上かつてないほどの危機と矛盾と不安の中で育った彼らは、それ以前の世代(たとえば団塊の世代)のようにいちいち大騒ぎしません。何があってもあわてず、落ち着いて、スマホを相手に共感できる世界で生きています。そこには「世の中はこうあるべきだ」といった教条主義やドグマとは正反対の、素直で自然なスタンスがあります。

こうした世代と相対《あいたい》していくにはどうすればいいのでしょうか。一つの方法として、あらかじめ、仕事の全体像や目的、目標や、その中での役割について整然と説明しておくことが大事です。「そういうことなら最初に言ってほしい」と言われて、「そんなことは上司や先輩の背中を見て学ぶものだ」と言ったら終わりです。それは、最初に仕事の意味や全体観、そして部下に頼む仕事の位置づけやゴール、手順をちゃんと説明しなかった、上司であるあなたの責任だからです。わからないことがあってもスマホで検索すればたいていのことはわかる時代、わからないのはむしろ、仕事の指示を出す「あなたの言葉」。つまりあなたが何を考え、何をゴールとして部下に指示を出しているか、ということなのです。

多くの社会人が、会社や組織の中で多くの「理不尽」をバネに仕事を覚えてきました。その苦労を否定することはありません。後述するようにイマドキ部下にも、時にはあえて高めのバーを与えて「予定された苦労」をさせることも必要です。

しかし、あなたがかつて受けた「理不尽さ」をイマドキ世代に求めても、それは何も生まれません。むしろ仕事を指示するあなた自身が、仕事とメンバーに真摯に向き合い、どんなに小さな作業についてでもその目標やゴール、そして全体の中での意味を明らかにして伝えることこそが大事なのです。

━POINT━▼イマドキ世代には明確な目的とゴールを示せ

6 イマドキの人はなぜホリエモンの「ホンネの生き方」を支持するのか

「1つの仕事をコツコツとやる時代は終わった」
「手作り弁当より冷凍弁当の方がうまい」
「大事な会議でスマホをいじる勇気をもて」

このような刺激的な言葉を次々と発しているのは、ホリエモンこと堀江貴文氏です。1972年生まれで、20代を想定したイマドキ世代よりも世代的には上ですが、その特異な才能と経歴、キャラクターから多くの〝今の世の中の真実〟を語ります。ベストセラーになった『多動力』(幻冬舎刊)は、マンガ化され、ユーチューブの「ホリエモンチャンネル」は多くのアクセスと再生回数を続けています。

彼が言う「多動力」とはこういうことです。

インターネットとIOTの進展は、あらゆる「業界」というものを溶かしていく。あらゆる情報がスマホの画面の中に集約されて、ユーザーを起点に発信されていく時代では、一つのこと、一つの仕事をコツコツと積み上げていくことのほうがリスクが大きい。なぜなら、あなたが今やっている仕事は、ほどなくＡＩロボットに置き換えられ、あなたがやらなくてもいい仕事になるから……。

こうした世界で大切なのは、下手なプライドを捨て、虚心坦懐にわからないことはわからないと言って誰かに聞いて知識と教養を身につけたうえで、自分が本当に「面白いと思うこと」「ワクワクすること」を、ジャンルも分野も関係なく追い求め続ける生き方だ。そのためには、自分が興味を持ったことにはとことんハマり、飽きた時には固執せずにやめて次々と新しい「ワクワク」へと移っていくことが大切で、それが人間の成長にもつながる……。

一見すると軽い時代に軽く生きればいいと見えがちな堀江氏の言い方は、実はその正反対。情報があふれ、仕事がＡＩに取って代わられる時代こそ、自分という軸をしっかり持って「本物の教養」を身につけ、自分の意思で行動していこうという非常にオーソドックスなことを言っています。そのためには、10冊の流行ビジネス本を読むよりも1冊の教養書を読むべきだし、知らないことを放置せずに聞くなり調べる、そして自分の時間を自分のものとして生きていく。またここまで変化が激しい時代に「完璧な計画」を作ることは無駄で、とりあえず始めてみてから修正していくことが必要なのです。

忙しいワーキングマザーが「せめてお弁当だけは手作りで……」と無理にこだわって、

イライラしながら毎朝作っている姿を子供に見せるよりも、お小遣いを渡して「これでコンビニで好きな物を買って食べて」と言ったほうが、母も子供もハッピーになる、そのほうがいい結果を生むし、子供もうれしいのです。

会議中にスマホをいじる若手スタッフがいたら、「こんな大事な時にスマホをいじって！」とイライラして注意するのではなく、その会議が意味がないと言われているサインだと思いましょう。実際多くの会議やミーティングは、単に上司やメンバーの「安心感」のために開かれ、何も解決しない「連絡会」が多いものです。コミュニケーションをとるなら、メールやオフィスでの会話、カフェに誘うなど別の方法がいくらでもあります。

イマドキ世代を理解する一つの方法として、堀江氏の言葉は多くの示唆を含んでいます。それは、主義主張ではなく、本当の意味での本音を起点に考えているイマドキ世代を、代弁しています。

POINT ▼本音で生きることを躊躇しないのがイマドキの部下の「素直さ」の現れ

7 社会を知らない教師に習ったことは社会では通用しない

建前よりも本音で生きる、というか建前と本音を明確に分けて考えるのも、イマドキ世代の特徴です。それは、あまりにも矛盾の多い社会に生きる中で、「本音と建前の間の矛盾に苦しむ」といったことをあらかじめ避けるための〝世代の知恵〟かもしれません。

学生と会社・組織との違いは何か、それは、小学生以来習ってきたことが実社会では通用しない、「習ったことと実際の世の中が違う」ということです。

たとえば、上司・リーダーであるあなたが部下やメンバーからこう聞かれたらどう反応しますか？

「どうして部長や社長は、社員による選挙で選ばれないんですか？」

いきなりこんな問いをぶつける新人がいるとは思えませんが、心の中に抱いていてもおかしくない時代です。なぜなら学生時代に習ったこの社会は「平等」であり「自由」であるはずなのに、会社に入ったとたん平等でも自由でもないことに気づくからです（もとよりそんなことはわかりきったうえで、就活を乗り越えたのがイマドキ世代とも言えますが）。

憲法で保障されている「居住の自由」（憲法第22条）が、「大阪へ転勤を命ず」という辞令一つで吹っ飛ぶこと、そして東京に買ったばかりのわが家のローンと家族を残して大阪に単身赴任……などということは、サラリーマンには自明の事実です。

この「自由で平等な近代社会」と「自由でも平等でもないマネジメント社会」の矛盾は、これから社会に出る人に対して誰も説明してくれない問いの一つです。

答え方は次のように２つあります。

①実は社長以下取締役は「選挙」で選ばれている

会社法を知ればわかるように、株式会社の場合、取締役ほか会社の役員は株主の選挙で選ばれます。

ただし、「一人一票」という民主主義の原理とは違う、「一株一票」という株式平等原則にもとづいて。だから株をたくさん持っていれば強い力を発揮できる、大株主の支持を得られなければ社長は選任されないし、経営上ミスがあれば株主代表訴訟など様々なチェック機能が張り巡らされている、それが社長以下経営役員の立場なのです。

②学校で習った「自由平等な社会」とは「政治社会」のことで、「経済社会」は別の原理

で動いている

自由や平等は、どの会社に入るかという「職業選択の自由」のところまでで、一歩会社の中に入れば経済社会のマネジメント原理が働いて、役割・権限と指示・命令・責任の世界が待っています。

もとより政治社会と経済社会は違う。しかしそれでは従業員は奴隷になってしまいます。そうならないために産業革命以来、世界も日本も数多くの「労働法」の整備によって従業員を保護していく仕組みが構築されてきました。

さらに、「自由な労働」を求め、それを実現する動きが昨今の「働き方改革」であり IＴデジタル社会です。朝と夕方、会社の入口でタイムカードを打刻すれば「労働時間」を管理できたのは、昔の工場の単純労働ぐらいなものです。企画や開発、営業など、複雑多様な職種が交錯する今の時代の組織には無理があります。そのために、フレックス制や育児勤務、裁量労働、在宅勤務、サテライトオフィスなど、働く人の「自由と主体性」にもとづくな労働の形が模索されています。

他方で、上司や部下という関係そのものは、「組織論」の流れで作られるもので、自由で平等な民主主義とは異なる文脈にありますが、だからこそ本書がテーマにしていること……上司は部下を尊重したうえでいかに納得して動いてもらうか……が大きなテーマになってくるのです。なぜなら上司は上司であるという地位や立場だけで、部下やメンバーを動かせる時代ではないからです。

冒頭の問いにどう答えるかは、あなたと部下の関係や双方の理解力にもよります。しかし、イマドキ世代を相手に真摯に向き合い、彼らを本当に本気で、納得して動いてもらうためには、こうした根本的な問いを避けることなく、あなたなりの考えを持っておくことが必要です。

学校ではこうしたことは教えません。確かに『13歳のハローワーク』（村上龍他、幻冬舎）がブームになって以降、この国の職業教育の欠如への反省から、現在では様々な職業教育や職業選択にあたってのカリキュラムが実践されています。しかし学校の教員は実社会を知りません。新人が抱える様々な問いや矛盾を引き出し、彼らが根本的に感じている「働くことの意味」を実際の仕事を通じて伝えていくのは、上司やリーダーであるあなたしかいないのです。

POINT ▼働くことの意味を伝えていくのは上司の役割

8 年上部下の使い方、年下上司への仕え方

本書は「イマドキ世代」や「イマドキ部下・イマドキメンバー」をどう捉え、仕事をどう伝えて、いかに動かしていくかをメインテーマにしていますが、忘れてはならない昨今のマネジメントの中に、「年上の部下」と「年下の上司」という問題があります。

年功序列ははるか遠い昔のこと、今では実績や実力に応じて「デキる若手」がどんどん昇格・起用される時代です。そうしなければ、ただでさえ変化の速い世の中についていけないからです。

また、役職定年制が導入され、かつての先輩や上司を「部下」に持つことも普通のことです。

そんな時代、ある日突然、年上の部下を持つことは普通に起こります。

これまでの「部下＝年下の後輩」という発想ではマネジメントはできません。いろいろな気遣いもあるでしょうが、それはかつての後輩を上司に持った「年上部下」のほうも同じです。

定年まで「あと数年」といった人を部下に持つ場合は、働き方へのスタンスも違えば目

指すところもまったく違います。

世代も違い、会社組織での位置づけも違う、こういう人をどうマネジメントすればいいのかに悩まれる方も多いことでしょう。

その方法は次のように2つあります。

①〝年上部下〟を認める・尊重する・仲間に入れる

会社での経歴とともに、人生の先輩として認めることが大事です。単に心の中だけで思っているだけではなく、様々な時に口に出して存在を認め、尊重する、そして他のメンバーの仲間の一人として扱う。このあたりまえの対応が重要です。

変に気を遣ったり、実力以上にヨイショすることは逆効果です。年上の部下は「こいつが本心で言っているかどうか」などすぐに見抜きます。

むしろ、仕事の分担や進め方、情報伝達など全般に渡って特別扱いせず、チーム内での役割を明確に与えることが重要です。

突然、かつての後輩を上司に持った方も、立場や賃金が下がるなど最初はいろいろな心の葛藤があったとしても、チームの中で普通に扱われ、仲間外れにされることなく情報も流れてくるような日常の積み重ねを通じて、しだいに自分の立ち位置がわかってくるものです。

②〝年上部下〟には力を発揮してもらう

これは部下になった「年上の」人次第ですが、可能であればリーダーであるあなた自身の「参謀」＝相談相手として力を発揮してもらいましょう。

できるできない、向き不向きの問題はありますが、年上部下となった人のこれまでの経歴や実績、この立場で何をしたいかについて腹を割って面談で話ができれば、その人に何ができるかがわかります。

もとより腹を割って話せる関係を作ることが第一です。

団塊世代の大量退職時代を終え、今、企業や組織では様々なところで人手不足・人材不足になっています。

これに少子高齢化が追い打ちをかけます。それはアマゾンなどＥＣが伸びたことで明確になった「物流業界」はもとより、テクノロジー分野での技術継承など様々なところで現れています。

企業のマネジメントについても同様で、確かに今後はＩＴやＡＩによる「働き方の変化」は予測されるものの、新しい「マネジメントの形」を構築するための人的基盤は手薄な状況です。
年上の部下をメンバーとしていかに活性化し、あなたの戦力の一部にしていけるかどうかで、チームの運営や成果が大きく違ってくるのです。

POINT ▼年上部下を味方につけて、使いこなそう

第2章

上司と部下の言葉が通じない職場の風景

1 伝わらない本当の理由

5月のゴールデンウィーク明けの、都会の夜の通勤電車の中で、40歳前後の「オトナ女子」たちからこんな会話が聞こえてきました。

「何でAさん、そんなこともわからないのかしら? 私がここまでやってあげてるのに全然無視して途中で帰っちゃう。わからないならわからないと言ってくれれば、いくらでも教えてあげるのに……」

「そうよね、だから私なんかもう絶対、金輪際《こんりんざい》Aさんには何も言わないことに決めたわ」

「そうそう。マネージャーもあの人のことわかってんだかわかってないんだか……」

「絶対わかってるわよ。Aさんの性格知ってて面倒くさいから何も言わないのよ……」

「そうよね……」

その会話は、ものすごい剣幕でまくし立て合っているので、いやでも耳に入ります。「金輪際」などという日本語の響きも、久しぶりです。

おそらく、こうして今、会社から家に帰る多くの人の中には、同じような思いで電車に揺られる人がたくさんいるのでしょう。

別の日には、都会の朝のカフェで5～6人ほどの若い男女がテーブルを囲んで、何やら深刻そうに腕を組んでいます。

A「どうしてこんな不具合が起きたか、わかる？」
B「それはそっちの担当が最後までユーザーと調整しなかったからでしょう」
A「何でそれがウチの仕事なの？ そんなの明らかにそっちの仕事だと思ってたよ」
B「どうしてそんなことになるんですか？ この最後のスペックの調整をしなければシステム開発したって不具合になることぐらいわかってるでしょう！」
A「マネージャーが変わって方針が変わったんだ。ウチはもっと企画フェイズに特化するってね」
B「そんなこと今初めて聞いたわ。どうして最初にそう言ってくれないの？」
A「そんなの、そういう場がないし、だいたいウチのマネージャー見てればわかるだろう。逆に我々が最後までユーザーのところに通って調整してたら、僕たちが怒られちゃう……」
B「おたくのマネージャーのことなんかわかりません。そんなら私たちも調整しないわ。

そっちが自力で仕様の着地まで持っていってください」……

どうやら情報システムのソフト開発をやっている会社で、部署間の連絡不良からユーザーとの調整が不十分なまま、使えないシステムを納品してクレームになったようです。その場では、上司らしき人が「まあまあ……」と割って入っていって最後は笑い声も聞こえてきましたが、一時はどうなることかと他人事ながらハラハラしました。どうやら、会社の人々のコミュニケーションは、あまりうまくいってないようです。

この2つの会話の中には、コミュニケーションを断絶させる勝手な思い込みがいくつも含まれています。かつてない速さで情報革命が進み、スマホやタブレット、PC上のコミュニケーションツールはどこまでも発達。その場所にいなくても、世界中どこにいてもリアルタイムで対話ができ、仕事が進む情報インフラが整っています。なのにどうしてうまく対話や会話が進まないのか。本書を含め、人の話の「聞き方」や「伝え方」といった、まるで小中学校の国語の教材のような本が山ほど出ているのか……そこには「コミュニケーション」というものに対する根本的な誤解や勝手な思い込みが渦巻いています。

POINT ▼情報テクノロジーの進化と「伝え方」とは別物だ！

2 ちょっと話が通じないだけで〝コミュ障〟と決めつける人に足らないもの

初めてのメンバー同士でプロジェクトが組まれて仕事をする時に、しばらく経つと、「○○さんはわかっているが、××さんは全然わかってない」といった物言いをすることがあります。この「**誰々はわかっている、誰々はわかってない**」という会話がなされている間は、プロジェクトはだいたいスムーズに進みません。それは、メンバーがそれぞれ自分の基準と価値観で他者を捉え、評価し、時には値踏みしているからです。あたかも外国に旅行した時に「日本語が通じる人」だけを探している、そんな状況です。片言でもいいから外国人と会話をしようとしない、言葉が通じる人とだけ話す、そんな閉塞状況を感じるのが、この言い方です。そもそもそんなことを言っている「オマエはわかってるのか⁉」と言いたくなります。

確かに昨今では、「コミュ障（コミュニケーション障害）」という言葉が流行るほど、同じ日本人同士でも言葉が通じないことが増えています。実際、そういう人も増えています。それを反映してか、就活で企業が最も重視する評価項目は「コミュニケーション能力」であり、学生たちも自分に「コミュニケーション能力」があることを必ずアピールする時代、それが伝わらなければ内定にたどり着けない時代になっています。
この「コミュ障問題」、学者の世界でも、次のように言われています。
〈つくづく思うのは、いわゆるコミュニケーションというのは相手の同質性を前提にしているということです。つまり相手がこういう人であろうという自分の予測を前提としなければ成り立たない。だからこちらが期待するような返しがないと「こいつは空気が読めないやつだ」ということになってしまうところがある。〉（斎藤環）
〈……今ではクローズドコミュニティのなかでのノリにうまく乗れているとコミュニケーションが成功していると言われ、乗れていないとコミュニケーションの障害を持っていると言われる〉（國分太一郎）
そしてこんな世の中になった原因として、ネットが生み出したコミュニケーションの画一化と規格化があると言います。
〈他人の目を気にして忖度するようなタイプのコミュニケーションがネットの拡大によって爆発的に増えた。結局はそれは、ムラ社会的感性の爆発的拡大である。かつてインターネットはコスモポリタンな関係を実現するという夢が語られましたが、それどころかもっとムラ的なものが強まる形となり、過剰に空気を読み合う状況を生み出し、その中でいかにコミュニケーション的付加価値みたいなものをアピールできるかの競争、コミュニケーション資本主義の競争が強まっていき、そこにうまく乗れないケースが「障害」として発見されていく〉（千葉雅也）
〈ダイアローグはその対極にあると言ってもいい。ダイアローグの前提は、「わかりあえないからこそ対話が可能になる」というものです。相互理解が不可能であるということが対話の前提にある〉（斎藤環）

（以上「現代思想」2017年8月号、青土社刊より）

新進気鋭の哲学者、社会学者たちをしてこう語らせるイマドキの「コミュニケーション」とは何なのか、そこには、ちょっと話が通じないだけで「あいつはコミュ障だ」と決めつけることの異常さがあります。むしろ**人間同士というものはSNSを送り合ったぐらいでそう簡単に「わかり合える」ものではない、むしろわかり合えないからこそ対話が必要で、それが本来のコミュニケーションにつながっていく**、という理解が重要です。

人と人がわかり合うことなど、それこそ奇跡に近い出来事だ、ということが出発点です。

―POINT―▼人と人とは簡単にはわかり合えないから対話が必要なのだと考える

③ どうすればメールで「コミュニケーション」できるのか

・メールで伝えた場合
「先日、あなたは会議で私の意見に反論なさいましたが、どこがいけないのですか。教えてください。あのとき伺おうと思って伺いそびれたので、よろしくおねがいします。」
・席に行って直接言った場合
「あの、先日、会議のときに私の意見に反論なさいましたけど、どこがいけなかったのでしょうか。あのとき伺えばよかったんですが、時間がなくて伺いそびれちゃって、……おしえていただけたりなんか、できるかなーなんて。」

作家で「インタビューの達人」とも言える阿川佐和子氏は、メールと話し言葉の違いをこんな風に対比します（『叱られる力』阿川佐和子著、文春新書・186頁より）。
この2つを比べると、明らかに話し言葉のほうが、言外の意味や柔らかい雰囲気を含んだ表現になることがわかります。メールのほうは、悪気がなくても端的な表現になりがちです。

電子メールは人々のコミュニケーションを革命的に進化させましたが、書き言葉と話し言葉の違いはもとより、メールというツールを使うことで、正確である一方、かえって発信者の意図とはかけ離れたイメージで伝わってしまうことがあります。

「メールはディスカッションのためのものではない、コミュニケーションのためのものだ」と言われます。

よく相手から送られたメールに反論して、長文のテキストを多くのｃｃを付けて返信し、相手からはさらに長い反論とｃｃが付いて帰ってくる、まるで雪だるまのようになっていくメールでの「ディスカッションバトル」がありますが、これなどは愚の骨頂。メールの使い方を間違っています。

また、本来の宛先以外にやたら多くの相手先をｃｃに入れ、「一斉同報メール」を送る人がいます。

まるで「私はちゃんとこれだけの人に知らせてあるから、後でとやかく言うな。見なかった奴が悪いんだ」といった思いが見え隠れします。

直接関係のない人にもあえてたくさんｃｃを付けて送ることは「自分はこれだけのことをやっているんだ」ということを必要以上に誇示しているかのようです。

最近ではこうしたメールの誤った使い方は減ってきたものの、完全になくなったとは言えません。

今をときめく「プロジェクションマッピング」の元祖、「チームラボ」（代表・猪子寿之氏）。ウルトラテクノロジスト集団を標榜し、東京駅舎をはじめ多くのデジタルアート作品を通じて「デジタル＝アート」であることを世の中に知らしめました。

これぞ正にデジタルのきわみであり、会社の仕事ではさぞデジタルツールを使いこなしているかと思いきや、たとえば社内メールを送った時には、送り先の人の席まで行って、

「さっき送ったメールの件だけど……」

と直接トークを行うことがルールになっています。チャット等の情報技術は使われるものの、在宅勤務は導入せず、あくまでも直接人と人が会ってコミュニケーションすることにこだわります。

おそらく、デジタルの利点や欠点を知り尽くしているからこそ、あえて人と人の直接トークの大切さをわかっているのでしょう。

反対に、「これからはデジタルの時代だ」「連絡は全部デジタルツールを使え」といった勘違いな指示が出るのは、既存産業のアナログ企業にありがちです。

そういう組織に限って、前述の「雪だるまバトルメール」が横行していたりする……デ

ジタルコミュニケーションツールの使い方、使われ方は、その企業や組織の仕事の仕方の「鏡」です。

━POINT━▼デジタルツールの前に〝コミュニケーションの仕方〟を改革しよう

4 わかり合えないところから始めてみる

販売累計数百万部を記録した『嫌われる勇気』（岸見一郎著、古賀史健著、ダイヤモンド社刊）。心理学というジャンルではあり得ないほどこの本が売れた背景には、人間関係に悩み、人の目線や言葉を気にし、自分が認められるかどうかに汲々としている、現代人の思いや悩みがあります。

本書に登場する「青年」は、そうした悩みを抱える人の象徴ですが、彼に対して「哲人」はこう言います。

「自由とは、他者から嫌われることである」

「他者の評価を気にかけず、他者から嫌われることを怖れず、承認されないかもしれないというコストを支払わない限り、自分の生き方を貫くことはできない。つまり自由になれないのです」

そしてその前提として、「**課題分離**」という発想を挙げます。

「独善的になるのでもなければ、開き直るのでもありません。ただ課題を分離するのです。あなたのことをよく思わない人がいても、それはあなたの課題ではない。そしてまた、「自分のことを好きになるべきだ」「これだけ尽くしているのだから、好きにならないのはおかしい」と考えるのも、相手の課題に介入した見返り的な発想です」(『嫌われる勇気』163～164頁参照)。

そして、嫌われる可能性を怖れずに前に進んでいく時、人間にとっての本当に自由な世界が開かれると説きます。

「なんて冷たい考え方なんだ」と思う方、逆にこの言葉のおかげで自分を縛っていた呪縛が解けた方など、様々な理解と同意・反論を生む言葉ですが、インスタグラムで〝いいね〟の数を気にしすぎたり、会社の上司や同僚の言葉に一喜一憂している方たちの中には、これで「楽になった」方も多いのではないでしょうか。また、「がんばっても評価されない」ということが重なって心の病になりかけた方に対しても、朗報だったようです。

ここで「哲人」の口を通じて示されているのは、承認欲求にばかり縛られていると、対人関係そのものが他人の手に握られたままで、いつまでたっても自分の人生のカードを誰かにゆだねた形になってしまう、ということです。

自分はこれだけ頑張った、だから認めてほしい、認められて当然だ、なんで認めてくれないのか……という形で、自分自身の評価を自分ではなく他人に握られた形になる。

これを自分の手に取り戻すには、嫌われる勇気を持つぐらいでないと「自分の人生」が生きられないよ、と言っているのです。

反対に、人助けをしてもそれが相手にとってありがたいことだったのか、相手に「貢献した」かどうかということを判断するのも、自分ではなく相手の「課題」になります。そう考えれば「これだけしてあげたのになんで感謝されないのか！」といった思考回路もなくなる。

そして、このように課題分離したうえで他人からの見返りを求めることなく何かを行うことで、結果として共同体感覚が持てるようになる……。

どこまでアドラーについていけるかは別としても、会社やプライベートを問わず、「他人の評価を気にする」構造になっている今の社会では、仕事や人間関係を考えるうえで非常に有効です。

たとえば、大きなプロジェクトを進める時、イマドキ世代からこう言われたらどう答えますか？

「あなた（上司）の課題は、私（部下）の課題ではありません」

「私は私に与えられたことだけをやるのが、私の課題です」

アドラーの議論に沿って部下やメンバーの問いを解きほぐし、目の前の仕事にブレイクして説明できますか？

たとえば次のように。

「もちろん、上司（リーダー）の課題と部下（メンバー）の課題は違う。同じだったら組織（チーム）にならないよね。○○君と僕の給料が違うのも、上司と部下では課題が違うからだ。

だけど今ここで考えてほしいのは、チームとして一つの目標を持った時、それをメンバー一人ひとりが各自の役割、『自分自身の役割課題』にどうやって落とし込んでいくかだ。

大きな目標は一つでも、ブレイクされて、各自に割り当てられた課題は違う。その、一人ひとり違う課題をそれぞれがこなしていくことで、チームとしての一つの大きな目標が達成される。

そう考えることはできないかな。もし○○君の抱える課題が不明確だったり、よくわからなかったら、それは私に問題がある。○○君に正しくチーム内での課題を持ってもらうのは、まさしくリーダーである私の課題だからね。じゃあ、○○君の課題は何なのかを一緒に考えよう」

あくまでたとえばの答え方ですが、イマドキ世代やイマドキのチーム運営にはこうした柔軟な切り替えし方も必要です。
〝嫌われる勇気〟を前提にしたうえで、どうやってその人の持つ本来の力を引き出すか、組織とリーダーが試される時代なのです。

POINT ▼すぐにはわかり合えないから、わかり合おうとする工夫が始まる

5 上司も部下も「情報量は同じ」時代のマネジメントの仕方とは？

人口減少も少子高齢化も聞き飽きた、と思うほど毎日耳にすることですが、これらが意味する「不透明な未来」を考えると、背筋が寒くなることばかりです。

・2021年：団塊ジュニアが50代、介護離職が大量発生
・2025年：東京都も人口減少
・2030年：百貨店も銀行も老人ホームも地方から消える
・2039年：深刻な火葬場不足、死亡者数168万人でピーク
・2042年：高齢者人口が約4000万人とピーク
・2065年：外国人が無人の国土を占拠／居住地の20％が「誰も住まない土地」に

（『未来の年表』河合雅司著、講談社より）

こうした暗い話の一方で、人々のコミュニケーション手段である情報通信技術はとことんまで進みます。メールやSNS、チャットはあたりまえ。それどころか、世界の超大国、アメリカのトップであるトランプ大統領が、SNSで世界を動かす方針を〝配信〟する時

代とあっては、単なる技術革新では収まらない、情報世界の大変化を感じます。

かつて、組織の上の人と下の人では圧倒的な情報格差がありました。「上司」と言われる人は、部下たちよりも多くの社内外の情報を持っていることで、仕事上も、組織マネジメント上も「権威」を持っていました。

社会が激変する今、上司にはこうした「権威」はほとんどありません。自分が勤める会社の大きな出来事、たとえば、トップが変わる事実を、会社からではなくSNSで知る時代です。新しい商品やサービスの情報、ITやWEBやゲームの情報など、世の中の動きは常に末端から始まり、そこにつながっている若いユーザーが最先端で一番詳しくなっています。上司が部下より情報を持っていることなど、不可能な時代です。

それでは、若いメンバーたちのコミュニケーションや相互理解はどうなっているかと言えば、情報技術がいくら進んでも、人々のコミュニケーションはうまくいかず、ますます「言葉の通じない人」が増えているような気がします。それは、コミュニケーションの単位が極限まで小さくなる一方で、その小さい単位をつないでいく仕組みだけがものすごく発達したことによります。SNSの普及で「自分のようなことを考える人は自分だけではない」と思える一方で、思いは先鋭化・蛸壺化し、ちょっとでも違う意見の人とは「一生通じ合えない」状態で炎上してしまう……情報技術の発達は、コミュニケーション不全を生んでいるのです。

また、「下り坂」の時代における、先行きの見えなさや不透明感と、異常に細かい部分までが「見える化」された状態とのアンバランスも生じています。東京オリンピック以後の日本はどうなるのか、という漠然とした、しかし確実な不安感と、SNSによって可視化された人々の思いや画像など、これまで決して世に出ることのなかったモノやコトが一瞬にして世界に配信できるという環境とのギャップ感。歴史を左右するような大きな課題やテーマと、きわめて小さな個々人の「イマ・ココ」の生活。その間を架橋するものはなにもなく、ただただ日々が過ぎていく……という感覚です。

これは企業や組織でも同じです。会社やチームが抱える大きなテーマと日々の一人ひとりの仕事とがつながりにくい、それをつなげる要素や資源、権威や情報がどんどん失われていく、その中で「知っていることだけは一人前」になったイマドキ世代をどうやって取り込んでいけるのか、マネジメントの勘所が大きく変わってています。

POINT ▼情報量で部下と同等になったからこそ、新しい部下の動かし方が必要

⑥ なぜ上司と部下の言葉は相手に伝わらないのか

コミュニケーションツールの発達による「情報平等社会」と、世の中の「先行き不透明感」が同時に進んでいく今の世の中では、いよいよ「上司・部下」の関係があやしくなってきます。口には出さずとも心の中で思っていたことがムクムクと湧き上がってくるからです。

「どうして部下は、上司の命令に従わなければならないのか」

「どうして上司は、部下を自分の指示に従わせることができるのか」

「リーダー」というもの、「リーダーシップ」ということのあり方が根本から問われているのが今の企業社会・組織社会なのです。本書を読まれる方々は、一度この問題をしっかり考えておく必要があります。

本質的に平等であるはずの近代民主社会の人間同士に、「上下関係」が正当化される理由は何でしょうか。

もとより職業訓練という場では、古くはヨーロッパ中世の「マイスター制度」における「親方と徒弟」制度があります。靴屋でも鍛冶屋でも、徒弟は親方の下で仕込まれることで手に職を付けられ、同時に将来の仕事も約束される。親方は技術と仕事の伝承ができる。親方と徒弟は寝食を共にした「人格的共同体」として上下関係を築く理由がありました。徒弟は親方に全人格的に服従することで、職も将来も約束されたのです。

近代になると、工場労働は「テーラーシステム」以来のマネジメントのもと、仕事の現場における上下関係が形成されます。それは、自由競争を原理とする資本主義経済の中で生き残るために、とことんまで無駄を省いて作業や仕事を合理化し、生産性を高めていくための手段でした。会社組織における上司と部下も、こうした「競争社会」の中で生き残るために生まれた仕組みの延長にあります。

四の五の言わず上司に従うことで、組織全体が競争に勝って生き残れるし、部下の生活も安定する、それが「部下が上司に従う」理由です。それは中世の徒弟制度のような「人格的な服従」ではなく、あくまでも工場や会社の中での、仕事や作業という場面だけでの上下関係である点が特徴ですが、いずれにしても、上司に従うことで自分の身が養われ、生活の安定が約束されるということが「部下が上司に従う」唯一の理由なのです。

残念ながら、その理由は失われました。情報社会とＩＴ・ＷＥＢ・デジタル社会の発達は「上司に従えば仕事が身に付く」「上司に従っていれば将来が約束される」といった状況を木端微塵《こっぱみじん》に打ち砕いたのです。

むしろ上司が知らないイマドキの世の中の情報や常識は、若い世代のほうが圧倒的に詳しい。組織による硬直した人間関係よりも、オープンなネットワークのほうが新しいものが生まれるしコストも安い。そうした状況の中で、会社や組織というクローズドな時間と空間の中だけで生きていける＝食っていける時代ではなくなったのです（もちろん、「忖度」という言葉の流行が示すように、上役を気遣うことで生きていけるという実態や精神はまだまだ日本人の心に残っていますが）。

イマドキのリーダーシップのあり方を象徴する2つの刑事ドラマがありました。テレビ朝日系列で放映された「警視庁捜査一課長」と「警視庁捜査一課9係」です。

前者は、内藤剛志さん扮する「大岩捜査一課長」（名前からしてスゴそうです）が、大部屋に設けられた捜査本部で、強烈なリーダーシップを発揮して多くの捜査員に直接指示し、気合と根性でみんなを引っ張ってホシを挙げる、正に熱血リーダーの典型です。

これに対して後者、渡瀬恒彦さん扮する〝加納9係長〟は、普段は「昼行燈」と呼ばれ、捜査の基本的な指示はすべて部下のリーダーに任せて、自分も一捜査員として活動しつつ、本部の自分の席ではコーヒーを入れたり料理を作ったりしている。しかし部下たちが行き詰まると視点を変える発言をしたり、最終的には決定的な証拠をつかみながら、それをさりげなく部下にわからせて逮捕に至ります。最近ではイノッチ（井ノ原快彦さん）が渡瀬さんの後を継いで、今度は自分と同輩または年上のメンバーを含んだチームを率いる設定で、ストーリーが続いています。

両者のリーダーシップの形は正反対。どちらが時代にマッチしているかと言えば後者（9係）のほうですが、リーダーシップのあり方は仕事の内容や組織の風土、メンバーの状況によってまったく変わります。

「一課長型」か「9係型」か、あなたがリーダーや上司として、メンバーや部下に何を示し、どう導いていけるのか、「多様化」と「先行き不透明」な中で改めて深く考えてみましょう。

ーPOINTー▼いかに部下に「いかにわからせて自発的に動かすか」が今求められるリーダーシップ

7 すぐ切れる上司と、すぐパワハラだと訴える部下

セクハラ、パワハラ、マタハラ（マタニティハラスメント）、モラハラ（モラルハラスメント）、アルハラ（アルコールハラスメント）、……今の世の中、ハラスメントというだけで数え上げればきりがありません。

・モラハラ：モラルハラスメント＝無視や恐怖など精神的な圧力
・エイハラ：エイジハラスメント＝中高年や高齢者への言動（もういい歳なのに……）
・カラハラ：カラオケハラスメント＝歌わない人に無理強いする
・マリハラ：マリッジハラスメント＝未婚者に対して圧力をかける（まだ結婚しないの？）

まだあります……、

・スメハラ：スメルハラスメント＝強い匂いを漂わせる（強い香水の匂い）
・エアハラ：エアーハラスメント＝空調設定を高く（低く）する

さらには、

・ヌーハラ：ヌードルハラスメント＝麺をすすって食べる音による嫌がらせ（ラーメン）

までであるというのですから、およそ人が人と一緒に居ることすべてが「ハラスメント」の原因になり得る勢いです。（http://business-textbooks.com/harassment32/ 参照）

職場でも、たとえば上司が女子社員に「髪、切ったね」と言うだけでセクハラになる時代です。この一言、昔だったら「上司が私のことを見ていてくれてる！」ということだったのかもしれませんが、今では「私の何を見てるの？　イヤラシイ！」ということになってしまう。

もちろん職場の雰囲気や上司と部下の関係によって、正反対の印象を持たれる可能性がありますが、すくなくとも昔に比べて「気遣いの質」を変えなければリーダーは務まりません。日頃の人間関係とその場の状況の中で、受け手がどう思うか、ということがハラスメントの成立如何を決めるわけですから、非常に難しい問題です。

イマドキ世代との関係では、やはり「パワハラ」がポイントです。ゆとり教育の中で「失敗させない」で「褒めて育てる」ことに慣れてきたこの世代は、「打たれ弱く」、とりわけ叱られることに敏感です。

一つ問題です。

ある職場で、作業が終わって手すきになったメンバー数人（イマドキ世代）が、ケータ

イをいじっていたのを見つけたリーダーが、言いました
「なんで終わったら次は何をやりましょうか、と聞きに来ないんだ」

するると、

「だって、あなた忙しいそうだし、次に何やればいいか聞いてないし……」

との答え。それに切れたリーダーは、

「てめーふざけんな、いいかげんにしろ」

と言ってしまいます。

若手メンバーのほうは、

「あ、それってパワハラですよね」

と言ってきました。リーダーであるあなたはどうしますか？　果たしてリーダーの言葉はハラスメントにあたるでしょうか？

これだけでは判断しにくい部分もありますが、かなり黒に近いグレーでしょう。メンバーたちの役割やスキルをわかって仕事を指示したなら、作業が終わることも見通して次のことを指示しなければなりません。もちろんメンバーのほうも、業務時間内に私用のケータイをいじって許されるはずもありません。

リーダーとメンバー、指示するほうとされるほうの「わかり合い」がないと、スムーズ

に進む仕事も進みません。ハラスメントの背景には上司と部下、リーダーとメンバーの「関係」が大前提となっているのです。

もとより、パワハラは近年問題となっている「ブラック企業」との関係で根深い問題を持っています。

話は飛びますが、第2次世界大戦末期の旧日本軍の兵士たちは、30キロを越える荷物を背負って灼熱の道を行軍し、食料も弾も欠乏して弱体化した軍隊では、病気の蔓延、栄養不良、精神的な気力の喪失等、絶望的な状況があいまって戦争末期には多くの餓死者とともに自殺者を生むという悲惨な結果を生みました。その様相はまさにブラック。究極のブラック組織は旧日本軍そのものでした。正に戦争の悲惨さが人間を変えてしまう、放っておくと人間や組織というのはここまでひどい状態になるのか、といった印象です（吉田裕著『日本軍兵士』中公新書参照）

では、戦後70年以上も経った今、旧日本軍のような上意下達のブラック体質は消えたかといえば、まったくそうではありません。先ごろの電通事件しかり、ワンオペの牛丼チェーンしかり、そして先般の日大アメフト部の事件しかりです。

会社組織でも、先に挙げた「朝のカフェでのミーティング」のように、トップや上長が代わって方針転換されたとたんに、部下やメンバーが手のひらを返したような対応をするというのも、よくある話です。いかに組織というものが、そこでの人間と人間の関係次第でどうにでもなり得るものであるかがわかります。

裏返せば、これからのリーダーは、いかにメンバーとの新しい関係を築いていくかが重要です。それも、中世ヨーロッパのような徒弟制度でもなく、高度成長期のような「俺についてて来い」でもない関係が必要です。もとより部下より知識や情報がたくさんあるわけでもないイマドキの「リーダー」は、いかに部下やメンバーを「動かしていく」理由を持てるのか、そして、近代組織を超える仕事上の人間関係を作っていけるのか、パワハラの問題はこれからのリーダーの「カタチ」を問いかけています。

━POINT━▼上司と部下の「信頼関係」を作らないと仕事は効率的に前に進まない

8 働き方改革で変わったこと、変わらないこと

昨今の大きな動きとして「働き方改革」があります。首相官邸は2017年3月に「働き方改革実現計画」を打ち出し、官民あげて様々な動きを見せています。

オフィスで「今日は6：00に帰ります」というタスキをかけて仕事をしたり、定時になるとオルゴールがなって、「帰れ、帰れ」の大合唱。いったい今までの不夜城と残業は何だったのかと思うほど、大きく変わった職場もありました。他方で、減らない仕事は結局アウトソーシングされて、下請け各社はさらにブラックに……といった状況もあります。また、コンピューター会社は各社こぞって、導入すればすべてが解決するかのような触れ込みで、オフィスワーク効率化や時と場所を選ばずに誰とでもいつでもつながれる「働き方改革ツールやアプリ」を提案してきます。

今回の働き方改革の背景にはもちろん、長時間労働やブラック企業の問題、ヤマト運輸や電通事件などがありますが、さらにその根底には、もっと根深い問題があります。つまり、歴史上類を見ない「人口減少」と「少子化」と「高齢化」がパラレルに進む日本社会、

そして「人生100年時代」と言われる社会において「人が働く」とはどういうことなのか、それは近代産業社会以来の大きな発想転換を行わないと、個人も社会も「維持できない」ということなのです。

ベストセラーになった『ライフシフト』（リンダ・グラットン著、アンドリュー・スコット著、東洋経済新報社刊）によれば、2007年に日本で生まれた子供の半分は、107歳まで生きること、そしてそのような社会では、従来のような「単線型」（＝生まれて育って、仕事をして、引退する）では、個人の人生も、そして社会の制度としても無理があることが示されます。

それはたとえば、平均寿命が延びれば介護や医療のコストが莫大になり、国家財政を大きく圧迫することからも容易に想像できます。

そして、これからは以下の3つのステージを転身しつつ「マルチステージの人生」へとシフトしていくことが必要となると言われます。

①エクスプローラー：人生の旅をして自分と世界を再発見
②インディペンデント・プロデューサー：組織に雇われずに独立した立場で活動
③ポートフォリオ・ワーカー：企業勤務・副業・NPOワーカーなど、多様な働き方

いわば個人も社会も会社組織も、パーソナル起点での生き方と働き方を再構築しないと

早晩破綻するということなのです。働き方改革で早上がりして「やることがない」と夜な夜な街をさまよって時間をつぶすサラリーマンと、次の人生を見すえて学びや準備をしたり、早く帰って家族と一緒に食事をして過ごす人（それが基本です！）との差が、大きな違いとなって5年後、10年後には出てくる、そんな社会になるのです。

「働き方改革」が比較的うまくいってる組織や職場と、まったく変わらない職場とでは何が違うのでしょうか。風土や上司の理解、ノルマの有無、部門間や組織間の壁、職場の上司と部下や同僚・関連スタッフとの関係……挙げればきりがありませんが、一つ言えることはワークエンゲージメントということです。

ワークエンゲージメントは、仕事に対する態度と成果のマトリクスで表される、仕事に対する理想的な取り組み方です。**一言で言えば、働くことが楽しくて、かつ生産性も高い状態、そういうポジティブな形で働く状態を理想にしようということ**です。

働くこと＝労働は「苦役」である……とまでは言わなくても、「お金をもらって働いているんだから、多少のことは我慢しなければならない」というのが、ある世代以上のイメージでした。確かに「仕事」である以上、それは避けられないことと言えます。

しかし、とりわけイマドキ世代以降にとってはそうした「労働＝苦役」といったイメージだけではありません。むしろ働くことで自己実現できるのか、自分の成長や自分の人生にプラスになるのか、といった価値観で生きています。逆に、自分のためになるのであれば、そのための苦労は厭《いと》わない、という純粋さもあります。

やりがいがあって、かつ成果が上がる仕事……そんな理想の仕事や職場を本気で作りあげ、建前も本音もなく実現していくことが、本当の「働き方改革」であり、イマドキ世代を動かす原動力になるのです。

POINT ▼本気の働き方改革をした職場だけがイマドキの部下を動かす

第3章

イマドキの部下のトリセツ

1 「わかれば動く」イマドキの部下と関わるコツ

イマドキ世代をどう理解し、どう伝え、動かしていけばいいのか。そしてネット上での情報や知識にあふれるこの世代に、働くための本当の知恵を持ってもらうためにはどうすればいいのか……。それにはこの世代の特徴を理解するのが一番です。イマドキ世代の特徴を標語風に表してみると、こんな感じです。

①ベースはマジメで素直で合理的
②「今」と「仲間」を大切にする
③でも「打たれ弱い」し「空気読む」
④堅い殻を破れば中身は……
⑤目をかけ、声をかけ、手間をかけ

以下、一つずつ見ていきましょう（初めに申しあげておきますが、以下はあくまでも「傾向」に過ぎません。安易なレッテル貼りでは捉えられないことが、この世代の特徴です）。

①ベースはマジメで素直で合理的

「なんか冷めてる」「捉えどころがない」「ガツンと言っても響かない」「そもそも〝熱量〟が感じられない」……。

この世代の印象を上の世代から見ると、こんなイメージがあります。それは、経済成長を知らず、右肩下がりの世の中で育ってきたことによるところ大ですが、裏返せば、「等身大の自分を生きている」

ことを意味します。イマドキ世代は、無理に背伸びすることなく本当の自分を大切に、冷静に生きているのです。それは、この世代が非常に「合理的」だということにも現れます。スマホやコンピューターが「第2の自然」であるかのように育った彼らは、必要な情報への最も最短で効率的なアプローチ方法を知っています。

内容には偏りはありますが、ググれば大体のことはわかる。それに対して「ウチの会社はこうだから」「ウチの職場ではこのようにやることになってるから」と言われると、「なぜ？」という問いが自然に湧き出してくる、それがこの世代の特徴です。

それはこの世代に限らず、実は誰もがそうかもしれません。「こうすればうまくいくのに、なんであいつはそうやらないんだ！」「まったく、なんで部長は自分のやり方にこだわって非効率なやり方でやらせるんだ！」……仕事のグチの多くは、こうした「なぜ」という問いから始まります。

イマドキ世代は、この「なぜ」ということをことさら強く思っています。それは裏返せば、「なぜ」が解消されて自分なりに納得すれば、非常に素直に真面目に、確実に取り組むということなのです。「合理的であるかどうか」がこの世代のキーワードです。

②「今」と「仲間」を大切にする

最近の学生は、大学の授業の出席率が非常に高いそうです。人によっては専門学校に通ってさらに勉強していたりする。そこには、そもそも経済成長の世の中を見たことがなく、不透明で先の見えないこの社会の中では「今できること」をしっかりやっておくこと、「今」を大事にする傾向が見られます。その昔、かまやつひろしが、〝どうにかなるさ〟と歌い、植木等が〝そのうちなんとかなるだろう〟と歌った感覚はありません。先が見えない今の世の中でそんなことを言ったら、「どうしてそんなことが言えるの？」と言われてしまいます。イマドキ世代のマジメさは、このあたりからきています。

同時にそれは、今いる人間たち、このメンバー同士で仲良くして助け合っていこう、という仲間意識につながります。それは大声で叫ばれるものではなく、一人ひとりが心の奥に持っているものです。イマドキ世代が社会貢献やボランティア参加率が高いのは、そんな背景があります。

阪神淡路大震災以来、東日本大震災をはじめとする多くの自然災害が起こり、環境問題、サスティナブル、エシカル……といったことがキーワードになる世の中です。今と仲間を大切にする感覚はこれからの社会と世界に不可欠なもの。彼らより上の世代に属する大企業の部長が「ＳＤＧｓって何？」などと言っていては、もとより相手にされません。

③でも「打たれ弱い」し「空気読む」

「ゆとり教育」の影響は、この世代の特徴に強く出ています。小中学校で受けた教育は、それまでの「詰め込み受験教育」からの脱却をめざし、授業時間の削減や教育内容・教授方法の見直しを含めた大きな改革でした。円周率は3・14ではなく「およそ3」となり、「総合的な学習の時間」は、教科別縦割り授業から横断型な、テーマに沿った「調べ学習」や「グループ学習」の時間となりました。

中でも「絶対評価の導入」により、他人と比べた全体の中での評価（相対評価）ではなく、一人ひとりを達成基準に対する絶対評価で行う方法に転換したことが大きく、それは「褒めて育てる」「お互いに認め合う」風土を生みます。結果、この世代の特徴として「打たれ弱く」、ちょっとでも何か引っかかりがあると会社に来なくなってしまう、ということが起きるのです。

一言きついことを言っただけで翌日から出社しなくなったり、面談を始めようと向かい合って座ったとたんに「辞表」を出されたり、これまでまったくなかったとは言いませんがこのような経験をしたことのある上司やリーダーの方が増えています。

「無駄にぶつからない」「争いを避ける」のもこの世代の特徴です。「わからない人とは話さない」、このあたりはSNSの影響でしょうか。バーチャル上で自分の投稿に〝いいね〟をしてくれる人がいるということが、リアルの人間関係へのスタンスを変えているのかもしれません。それが裏返ると、過剰に空気を読む、といった傾向も見られます。

様々な現象を単独で捉えるのではなく、その背景には何があるのかを意識することが大切です。

④堅い殻を破れば中身は……

よく、会議やセミナーなど、大勢の中で意見や質問を聞いても何を出てこないのに、終わるとあれこれ聞いてきたり反対意見を言ってくる人があります。同じように、普段は何も話さない人なのに、何かのきっかけで相手に話しかけると、やたらと饒舌になっていろいろ話し始める人がいます（メールでも同様です）。

この、一見するとガードが固く、固い殻に包まれていると思いきや、殻が破れると非常にソフトで実直で、フランクな関係になれるのもイマドキ世代の特徴です。それは、①で挙げたように「基本的に素直で、何かに捉われることのない」この世代の強みでもあります。

しかし、興味を持ったのはその時のそのテーマや話題についてです。あなたの質問にハイレスポンスがあったからといって、あなたの言うことや指示全般に渡って「理解してくれた」と思ってはいけません。もちろんイマドキの若手と深い人間関係ができれば、全幅の信頼をし合える関係もあり得ますが、とりあえずはその時々の興味について「反応」があったと考えましょう。そしてその相手が示した関心を起点として、本当に伝えたいこと、やってほしいことへとつなげていくのです。

最近「リスペクト」という言葉がよく使われます。自分が相手のことを人間としてリスペクトできるか、単に「全人格的な尊敬」ということだけでなく、自分が目標としたい人（たとえばスポーツ選手など）に対するリスペクト、大災害で自らの命を懸けて救助に当たる自衛隊員へのリスペクト……使用場面は様々ですが、イマドキ世代に限らず改めて「自分もそうなりたい」と思える人や行動に対して言われています。それは日本語の「尊敬する」といった重々しいイメージではなく、部分的なこと、ささいなことであっても「いいな」と思える言動に対して、イマドキ世代は強く反応していることの現れです。

上司やリーダーは、些細なこと、何か一つでもいいのでそのような点を持てると非常に有効です（といって、「自分はここをリスペクトしてほしい」という感じが伝わった瞬間、イマドキ世代はドン引きします。これみよがしや押しつけは、この世代が一番嫌っていることの一つです）。

⑤目をかけ、声をかけ、手間をかけ

そんなイマドキ世代にどう対処、というかどう「付き合う」か、そして「伝え」て「動かし」て「育てる」か。ひとことでまとめるとこうなります。目をかけ、声をかけ、手間をかけ、です。

・目をかけ

一番避けるべきは「放置すること」。あなたにそのつもりがあるかどうかは別問題として、相手が「無視された」「放っておかれた」と思わないようにすることです。会社という組織に入ってあなたのチームに配属されたからには、全体の中での自分の位置づけや役割があり、チームの一員として仕事をしている、……当たり前のことですが、それを実感できるような仕事の伝え方や扱い方が必要です。

そのためには、上司やリーダーがメンバーに対して「あなたの仕事にはこういう意味があるのだ」ということを、一貫した論理で説明し、実践できなければなりません。この「仕事の意味を伝えられるか」ということが、イマドキ世代（に限りませんが……）を動かす決め手になります。

また、新入社員に対して、仕事を直接教える直属の先輩とは別に、他部署の先輩を「チューター」という名前で設定し、様々な相談に乗れる状況を作ることも有効です。いずれにしてもイマドキ世代を「放置しない」ことが重要です

・声をかけ

放置しないことの具体的な表れが、この「声かけ」です。ある新人は、「自分が朝の挨拶をしても先輩が無視する」「上司が答えてくれない」というだけで職場がいやになって出勤しなくなりました。中には「自分を無視している」と思って人事に訴える人も出てくる時代です。

他方で、とある物流企業では、倉庫現場のアルバイトや女性パートの作業員が、社外からの訪問者にすばらしい挨拶をしていることが決め手となって、大口の取引が決まった例もあります。挨拶一つで企業の業績が変わってくるのです。

たとえば老人ホームなど高齢者ケア施設では、施設のトップやトップマネージャーたちは、「ラウンド」と称して施設内をくまなく巡回し、声をかけることで入居者のお年寄りはもとよりケアスタッフの顔色や様子を把握することが大切な仕事になっています。そして、それによってケアの質が大きく左右されます。適切な声かけができるかどうかが、入居者の暮らしとそこで働く人にとっての死活問題なのです。

・手間をかけ

「ゆとり教育」を受けた世代の中には、メモやノートの取り方さえ知らない人がいます。それは、受けてきた学校教育の方法が原因です。授業のたびに先生が単元ごとのまとめプリントを配って、穴埋めや重要語句の演習や説明を行い、あとはグループごとの話し合いとなるので、「先生の話をノートに書く」「人の話を聞いて、要点をまとめて書く」という訓練を積んでいないのです。

最近の教育現場ではデジタル化が進み、生徒が一人一台「タブレット」を手にして、板書の内容や重要ポイントなどをクイズ形式で学んでいく手法も採られています。教育の重点が「詰め込み」部分を極力省力化し、自分で考えたり仲間と話し合うことに移っていることが見受けられますが、その分「ノートやメモを取る」ことがら遠ざかります。

ミーティングや朝礼でノートを取っていない若手がいてもイライラせずに、ノートの取り方を教えてあげる、そのぐらい丁寧に「手間をかける」ことが重要です。逆に、持前の素直さと世代のポテンシャルから、要領がわかれば大きく伸びる可能性もあります。

イマドキ世代は「わかれば動く」というのが特徴です。それには「自分で動けるようになるまで伝える、教えてあげる」ということが必要です。仕事の終わりを明確にすることも重要で、仕事が終わっても「上司が忙しそうだから」と何も報告してこないこともあります。指示する段階で、仕事や作業の位置づけや意味、方法、ゴール、期限……などを伝え、「ここまでできたら報告にするように」といったことまで含めて明確にします。

他方で、いったん指示したら、口を出さずに任せることも大切です。任された中で自分なりに仕事をやり遂げる、それに対してあなたが適切にフィードバックする、その繰り返しを行うことで、各人なりのステップを踏んでもらうことが、ポイントなのです。

「わかれば動く」イマドキ世代の特徴を踏まえて、仕事を伝えていきましょう

―POINT―▼自分から納得して動くようになるまで「わかって」もらおう

② 上司の仕事は2つある

管理職研修では、よく「部下は会社から預かった者だ」と言われます。これは、預かり者＝お客様という意味ではなく、与えられた資源としての人材、予算、その他ハード・ソフトの環境資源を活用して最大の効果を上げるのが、管理職たる上司の役割だ、という意味です。言い換えれば、マネジメントとは「自分でやる」のではなく「ヒトとモノとカネを使って」どれだけの成果が上げられるかということにかかっています。

管理職や上司（＝マネージャー）という人は、まったく異なる2つの役割ミッションを持っています。

①仕事そのものをリードする
②人を育てる

①はいうまでもありません。マネージャーになれたのは、営業でも開発でも管理業務でも、あなたがこれまでなにほどかの成果を上げたからです、仕事に精通し、自力である程度の成果が上げられることが第一条件です。

ただしマネージャーの場合は、自分一人で結果を出すのではなく「チームで」「人を使って」成果を上げてナンボの世界です。そのために、本書後半で述べる様々な手法を使いながらメンバーをリードし、チームの力を最大限に引き出さなければなりません。

ここまでは至極あたりまえなのですが、もう一つの役割であるメンバーとなった「人を育てる」ことについては、本当にわかっているのかあやしい「管理職」がよくいます。

会社や組織に配属された若手は、25歳から35歳までの間に「誰に仕事を習ったか」「誰のもとで働いたか」によって、仕事というものへの考え方が決まります。もちろん異動や配属、またプライベートの出来事によって「人生の転機」は人さまざまですが、40歳代後半になってから大きく仕事のスタンスやノウハウを「変える」ことは難しいようです。やはり若い頃に経験し、言われたことは、個人の仕事観として深く刻印され、身体に沁みついてしまうようです。

部下やメンバーを与えられ、上司やリーダーになったあなたは、仕事の成果を出すことと同じくらい、またはそれ以上にメンバーの育成・教育係にならなければなりません。いわばマネージャーとは、メンバー一人ひとりの「キャリアカウンセラー」なのです。

「仕事ができること」と、「人を育てること」は、まったく違うスキルです。実務の実力者、たとえば営業のトップセールスマンが抜擢されて部長になってもうまくいかないことが多いのは、「仕事のスキル」と「教育のスキル」は別物だということを念頭にしていないからです。

マネージャーやリーダーをめざす方、またなってしまった方は、これまでの自分のやり方を一度括弧に入れて脇に置いておいて、目の前の部下やメンバーをどうしたら育成できるのか、これまでとは異なるスタンスで教育係として自分自身が学び、実践しなければならないのです。

イマドキ世代は、

「この仕事をやると自分は何を学べるのか」
「この上司やリーダーは自分を成長させてくれるのか」
「この会社で仕事をすると、自分にはどんなステップが描けるのか」

ということを強く意識しています。単なる上司の手柄のために骨身を削って働くつもりはサラサラありません。あなたが「自分を伸ばすことを考えてくれているか」ということも、すぐに見抜いてしまうのです。

POINT ▼仕事をそのものをリードすることと人を育てることは別のスキル

3 会社は仕事をするところであると同時に学び続ける〝学校〟でもある！

よく「会社は学校じゃない！」「会社は仕事をする場所だ。勉強は家でやれ！」と言われることがあります。

たとえば営業のデスクで、仕事上必要な情報を得るために本を読んでいても、「会社で勉強してるんじゃない！ 外回りに行け！」と怒られるのです。今ではPCで情報検索している姿はオフィスワークで普通になりましたが、もしかしたら今でもあり得る風景かもしれません。

イマドキ世代に限らず、新人に対しては、「いつまでも学生気分では困る」と思う上司やマネージャーの方も多いかもしれませんが、ここでは発想の転換が必要です。この変化の激しい時代、顧客もユーザーも、業界も生産構造も、何もかもが先行き不透明な時代にあっては、常に勉強、常に情報収集し続けることが生きていくための不可欠です。正にモノを食べるのと同じぐらい学び続けることが大切です。

もはや、会社こそが「学校」にならなければならない時代がきたのです。多様化と不透明化と専門化が極限まで進む今こそ、「企業の教育力」が問われています。これからの企業が生き残れるかどうかは、その組織が広い意味での「教育力」を持っているか、それを社内外に発揮できているかどうかが死活問題になります。

かつて、企業や会社はそのまま「学校」でした。たとえば松下電器は創業当時、従業員の子女たちに社会常識や立ち居振る舞いなどを教え込むことで、従業員を一人前の人間にすることをめざしました。学校教育制度が未整備だった時代は、とりわけ企業がその役割を果たしたのです。

その役割は今でも変わりません。たとえばトヨタ自動車では今でも、モノづくりのプロを育てるための学校を持っています（トヨタ工業学園）。

「トヨタ式生産方式」で有名なトヨタ自動車の工場の担い手は「良き社会人」であるとともに「良きトヨタマン」をめざして高校時代から技能と教養を身につけます。ハイブリッド車や自動運転など、クルマづくりに求められるテクノロジーがますます高度化していることも、企業が専門教育機能を持つことの必要性を裏付けます。

社会学者で、若い世代について多くの発言をしている古市憲寿氏はこう言います。

「新入社員が使えないのは当たり前である。仕事ができないのも当然である。なぜならば、「仕事ができる」というのは多くの場合、その人が所属するコミュニティや業界のルールをいかに多く取得できたかということに依存しているためだ。……（中略）……コピーの取り方、電話応対の仕方、書類のまとめ方でも、会社ごと、下手したら部署ごとにルールは違うかもしれない。スピードや勢い重視なのか、それとも丁寧さが要求されるのか、それとも経費削減が至上命令なのかによって「正解」は変わってくるだろう」（『だから日本はズレている』新潮新書より）

古市氏は、「だから、はじめからコミュニケーション能力を持った新入社員などいるはずがない」と言います。どんなに情報システムが進んでも、仕事上のスキルやコミュニケーションの方法は、職場や現場ごとに異なる内容やレベルに応じて、その都度その場で細かく教え、学んでいかなければならないのです。変化の激しい時代には、上司や部下、リーダーやメンバーといった立場も年齢も関係なく、様々なことを教え合い、学び合うことが必要です。

そもそもあなたがメンバーに求める「仕事のレベル」とは何でしょうか？　人はどうして部下を持つと急に偉くなったと勘違いして、上から目線で「あいつは使える、こいつは使えない」と言い出すのでしょう？　そもそもあなた自身はこれまで「使える部下」だったのでしょうか。反対に、あなた自身は部下から見て「使える上司」「使えるリーダー」なのでしょうか？

「会社が学校だ」と言う時、それは一方的に何かを教え込む場ではありません。むしろ、課題の議論や検討の場面では、立場や役職は関係なく、誰もが教え合い、学び合い、高め合っていく場であるべきことを意味します。そして職場とは、ＰＤＣＡの実践を通じて、常に新しい仕事の方法を見出していくラボラトリー（実験室）でなければなりません。

創業者の間違った考え方を否定できずに時代とかけ離れ、過去の成功にしがみついて進化せずに没落していく企業や組織が後を絶ちません。他方で革新できる組織では、メンバーが相互に「リスペクト」し合いながら、かつ対等な立場で学び合い、高め合っています。後述する東京ディズニーランドやスターバックスでは、この「学び合い、高め合う」ことが、高いサービス品質を維持する基盤になっています。

イマドキ世代にとっては、この会社、この組織、そしてこの上司の下で働くことで、自分にとって新たな発見や成長の契機になるかどうかがとりわけ重要です。「会社は学校である」と自信を持って言える組織・マネジメントをめざしましょう。

POINT ▼教え合い、学び合い、高め合うという意味では、学校も企業も同じ

4 まずは部下が育つ「環境」を整えなさい！

「人がいない」……多くの経営者や上司・リーダーは口をそろえてこう言います。少子高齢化や社会構造変化で「人手が足りない」という「量的不足」については社会問題にもなっていますが、ここではもう一つの不足、「質的不足」について考えます。

「言っても動かない」「自分から動こうとしない」「できる人間が偏っている」……人事を尽くしても（この場合の人事とは正に「人事部」のことです）人的労働資源は限られている。ではその限られた人材をいかに育てて「使える人間」に仕立てていくか、上司やリーダーにとっては死活問題です。

前項までに、この「人を育てる」という役割が企業や組織の重要な機能であると言いました。果たしてこの「育てる」という言い方には注意が必要です。なぜなら「育てる」という言い方の中に人事や上司特有の「上から目線」が含まれており、イマドキ世代はこうした感覚に敏感に反応するからです。

果たして人は人を「育て」られるのか。人が「育つ」とはどういうことなのか……教育学の歴史とともに深くて長い問いには、そう簡単に答えることはできません。しかし一つ明らかなのは、人が育つのは「育つための環境」があってのことで、人は人を育てるのではなく、その人が「育つ環境」を整え、そこに身を置くように仕向けることだ、という点です。

よく、優秀な後輩が偉くなったりすると「あいつは俺が育てたんだ」と言う〝元先輩〟がいますが、これなどは愚の骨頂です。確かに何らかの影響は受けたとは言え、人が育つのは正にすべての環境、人、仕事、状況を通じて、自分自身で自覚して自分を高めていこうと思ったからこそ、偉くなったのです。会社や上司やリーダーにできることは、どうすれば部下が一番「育っていく」環境を用意できるか、そしてリーダーも含めて「育て合い、ともに成長する」風土を整えられるかに尽きます。

環境には2つあります。1つは人事や教育制度、役職や専門分野別のカリキュラム、トレーナーやチューターの制度、段階別の育成目標の設定など「ハード面」での環境です。IT化が進んだ現在、eラーニングをはじめ数多くの教育研修プログラムが整っており、また企業の教育研修を請け負う業者もあまた存在します。様々な資格制度もあります。それらの内容を正しく理解して自社に適用できれば、こうした育成環境は整えることが可能です。

大切なのはもう一つのソフト面とも言える「人的環境や風土」のほうです。これは前述の「育て合い、ともに成長する」関係を組織の中にいかに存在させるかですが、抽象的なものではなく、具体的な仕事の仕方やり方の中に落とし込むことが必要です。

たとえば東京ディズニーランド。１９８３年の開業以来、敷地やアトラクション数、入場者数も上昇の一途で、今年35周年を迎え、さらなる拡大をめざして開発が発表されました。進化と発展の背景には、ディズニーキャラクターの人気と並んで、パークを運営するスタッフ（キャストと呼ばれます）の質の高いサービスがあります。

１日でもパーク内で勤務するアルバイトであっても、ウォルト・ディズニーの思想から始まる一連の教育を受け、マニュアルにもとづくトレーニングを積んで初めて「パーク・デビュー」できるという仕組みはもとより、注目すべきはディズニーランドの「みんながみんなと育て合う仕組み」にあります。

たとえば広大なパーク内で、キャストに「今日の最終便で札幌に帰りたいが、何時にどこへ行けば間に合うか」と聞くとします。聞かれたキャストは周囲のキャストや無線で問い合わせ、聞かれた人がわからなければさらにわかる人に至るまで聞いていく、そして答えがわかると、聞かれた順番に戻し返して伝え、一番最初に聞かれた人がゲスト（来場者）に応える。こうすることによって、一連の〝伝言ゲーム〟に関わった人は全員、その件について「知る」ことになるのです。育て合う風土というものは、こうした「仕事のやり方」や「仕組み」があって、初めて意味あるものになります。

もう一つはスターバックスの例です。

独特な雰囲気とメニューで日本のカフェを変えたスターバックスですが、同社の採用ホームページにはこんな言葉が書かれています。

“WHY WE'RE HERE. 私たちがここにいる理由”

ここには、サービス業・接客業にとって一番大切な本質が込められています。

この考え方は、現場で具体化されます。コーヒーやメニューについては知るべきこと、学ぶべきことが無限にあり、テキストや研修など様々なツールがありますが、スターバックスには接客サービスについてのマニュアルはありません。たとえばお客様への挨拶にしても、その場と相手によってスタッフが一番いいと思う言葉で挨拶する。杓子定規に「おはようございます、いらっしゃいませ」ではないのです。

たとえばスタッフが何かのミスをしてお客様に迷惑をかけた場合、マネージャーはこう言います。

「今のあなたがやったことで、お客様はどう思ったかな?」

「仲間のスタッフはどう感じたと思う?」

「あなた自身は、どう思った？」

「どうすればいいか、いっしょに考えよう」

　つまり、「なんでそんなミスをしたんだ！」と詰問調で問い正すのではなく、起きてしまったことをテーマに一緒に考えよう、というスタンスで語り掛け、話し合っていくのです。「何でそんなことしたんだ！」と頭ごなしに叱ることは意味がありません。なぜなら、たとえミスが起きた理由がわかっても、本人がそれをどう感じ、そうならないためにどうしたらいいかを本人自信が心から自覚しなければ、ミスは再び起きるからです。

「育て合う風土」とはこういうことです。そこにはごく自然に「人が育つ」仕組みがあります。イマドキ世代の心をつかみ、本心で動いてもらうためには、会社や組織の「仕事の仕方」を見直すことが不可欠です。


―POINT―▼仕事を通じて人を育てる「仕組み」を作ろう

5 何もしなくてもイマドキの部下が自ら動く瞬間

「当事者意識」「自分事（じぶんごと）化」「巻き込み力」「やらされ感」……最近、ビジネスの現場では「いかに主体性と自発性を引き出すか」が大きなテーマになっています。

とりわけイマドキ世代は、目の前の仕事が自分にとってどういう意味があるのか、ということを重視します。どうすれば人を本気にさせることができるか、持てるパワーを全部発揮してもらえるかは、リーダーにとって重要な問題です。これを考えるには、マネージャーであるあなた自身のこれまでを振り返って、どんな時にホンキになったかを考えてみることです。人が「ホンキ」になるのはどういう時でしょうか。

①これが自分のやるべきことなのだ、ということがわかった時

何をどこまでやるのが「仕事というもの」なのか、は本当に難しい問題です。その時の仕事や先輩上司によっても違ってきます。ただ、今、ココの状況で自分のやるべきことがわかった時、人は自分から動き出します。

筆者が若い頃、店舗診断のコンサルタントをめざしながら、先輩のコンサルタントとある巨大ショッピングモールを視察に行きました。そこは東京ドームの何倍もある面積で、数百もの店舗がテナントとして入っていたモールです。帰りがけに寄ったカフェでその先輩は「今見てきたショッピングモールに入っていた店舗名とレイアウトを、全部書け！」といって紙の上に書かせようとしたのです。

一度見ただけでとても覚えられません。当然、配置やレイアウトも書けません（今の時代だったら、ハラスメントになるような場面です）。でも、先輩コンサルタントからこのように言われたことで、「商業店舗コンサルタントというのは、店を見たらそれが全部頭に入るぐらいの真剣さで見なければならない」ことがわかりました。それ以来、店舗を見た時はできる限りテナント構成や商品配置を頭に残すようにしています。

②自分しかやる人がいない時

プロジェクトのミーティングで、同じ所属部署から何人も出席していることがあります。「Aさんの意見も聞いておいたほうがいい」「Bさんのやってることにも関係がある」さらには「Cさんはうるさいから入れておいたほうがいい」……ミーティングのメンバーはどんどん膨れ上がります。結果、「自分がいなくてもミーティングの内容や結果は変わらない」

となって、スマホいじりが始まります。

主体性が出るのは正反対です。プロジェクトでも何でも「これをやるのはどう見ても自分しかいない」「所属の代表は自分だけだ」となった時、人は自ら勝手に動き出します。正に目の前の仕事が「自分事（じぶんごと）」になるのです。その意味でも、自主性と主体性を引き出すには、ミーティングの出席者は絞り込むことが重要です。

③だんだんと自分がレベルアップしていくことがわかった時

これはスポーツ選手のトレーニングと同じです。千本ノックのように、同じことを繰り返しトレーニングながら、少しずつ目標のバーを上げていくことによって、自分のレベルが上がっていくことが実感できます。この「自分のレベルが上がっていく」感覚が、もっとできる、もっとやろう、という気持ちを引き出し、主体性発揮につながるのです。

それにはトレーナー＝上司やチューターの役割が重要です。またトレーニングに値するような形で、仕事の中身を整えることも大切です。仕事というのはあくまでも「若手を伸ばす」ための教育材料でありカリキュラムなのです。


POINT▼自分が「やる気」を持てた瞬間を書き出してみよう

6 イマドキの部下が陥りやすい“勘違い”を解く教え方

前に「会社は学校である」と言いました。企業は「人を育てる」という役割を、利益を上げて存続させる、という本来の役割と同じぐらい重視すべきです。他方で、イマドキ世代には「受け身」の姿勢が強く、中々育っていかないこともあります。

そこには独特の勘違いがあり、黙っていても会社や仕事が自分を育ててくれると勘違いしている若手に対しては、何らかのタイミングでそれを解いていく必要があります。

> **【勘違い・その1】** ×この会社（仕事）は自分を成長させてくれる
> ↓〇（訂正）会社の目的は「存続」と「利益」である。

せっかく「成長したい」と思っている新人には水を差すようですが、会社の目的はあくまでも利益を出すことであり、組織としての継続・存続にある、という大原則・大前提への理解がベースです。もちろんこれからの時代は、人を育てないと企業が存続できないのですが、何もしなくても「自分を育ててくれる」と妄信している若手には注意が必要です。

裏返せば、新人や若手としては「自分が成長できるような形で、主体的に会社や仕事に関わっていく」ことが重要で、そのような思い方や関わり方によって「成長できる仕事やプロジェクト」との出会いが開かれていくのです。黙って毎日やっていれば成長させてもらえる、そんな受け身のスタンスの人は、誰も育てようとは思いません。

【勘違い・その2】×黙っていても、仕事はやって来る
→○（訂正）黙っていたら「仕事」は来ない

現場に配属されれば「作業」の分担や割当は当然あります。ということはその「作業」を組み立て、分担する「仕事」があるわけで、さらにその上には「あなたに分担された仕事をやる必要がある」という「企画や計画」の仕事があります。結局仕事や作業は、最初は誰かがゼロから「企画」し「計画」したものなのです。

単純な「作業」から意味のある「企画や計画」の存在を洞察する、そしてやがてはより上位の仕事をしていくためには、目の前の「作業」に集中してこなすと同時に、なぜこの作業があるのか、必要なのか、どういう形で組み立てられ、割り当てられているのか、といったことを洞察することが必要です。それによって、自分のやりたい「仕事」に近づいていける。その洞察がないと、より上位の、より重要な仕事はいつまでたっても任されません。このことに気づくかどうかがポイントです。

【勘違い・その3】 ×仕事のやり方は、余すことなく教えてもらえる
↓○（訂正）自分のモノにしなければ、仕事にはならない

古代中国の聖人、孔子の有名な言葉に、
「学びて思わざれば則ち罔し（くらし）、思いて学ばざれば則ち殆し（あやうし）」というものがあります。人や書物から何かを学んでも、それを自分の考えに落とし込まなければ身に付かない、また自分だけであれこれ考えても、人から学ぼうとしなければ独りよがりになってしまって危険だ、と言う意味です。
仕事のやり方を整え、マニュアル、教育研修、現場トレーニングをいくら整えても、実際の現場では様々な想定外のことが起きます。想定外に対応できるかどうかは、研修やトレーニングで学んだことを自分のモノにしておいたかどうか、この当たり前のことをどうやってイマドキ世代に伝えられるかで、その後の育成は大きく違ってきます。

【勘違い・その4】 ×この会社（職場）には、自分の自己実現のための仕事がある
↓○（訂正）自己実現できる仕事にしていけるかどうかは自分次第だ

最近よくある勘違いの一つです。何をもって「自己実現」と捉えるか自体、ものすごく大きなテーマですが、これだけ苦労して内定、入社したからには必ずいい仕事が待っている、自分のやりたいことがあるはずだ、と思ってしまう、それが足かせとなって現実とのギャップに辛い毎日を送ることになる……残念ですがよくあるケースです。

マスコミなどには「仕事で自己実現した人」があまりにも多く登場することもあり、自己実現幻想はますます高まっています。もちろん、ＡＩが単純作業を人間から奪っていく時代となり、人間の労働は確実に変化しています。また昨今の「地方創生」の中、都会や大企業を捨て、田舎で農業を始めたり、ＮＰＯ他新たなフィールドで社会起業して成功した人もたくさんいます。

重要なのは、そうした人たちは「何かが用意されていて、それを受け身でこなしていて自己実現につながった」のではないということです。自分のやりたいことが見えていく、そのプロセスに自分のほうから近づいて、時には従来存在しなかった仕事を起こして、主体的に取り組むことで初めて「自己実現」と呼べるところに至るのです。イマドキ世代の期待と努力と成果の関係、時に不均衡なこの関係を、どう解き明かし、本人のキモチとシゴトをどうフィットさせていくかも、上司やリーダーの大切な仕事です。

POINT ▼若手の「勘違い」に寄り添い、それを解いてあげよう

7 イマドキの部下が動かない理由を知って動かす方法

「イマドキ世代の動かし方」の中心に迫るには、動く人と動かない人の差はどこにあるのか、動かない（動けない）人の理由は何なのかを知る必要があります。それにはいくつかのパターンがあります

①仕事そのものがわからない場合の対応法

これには様々なレベルがありますが、まずは上司の言葉が理解できない、そもそも仕事そのものの概要がわからない、ということがあります。単純作業をずっとやって来た人が急に企画や政策の担当になった時、また営業一筋で実績を上げてきた人が、いきなり経理の会計仕訳をしなければならなくなった時など、従来とまったく異なる仕事になった時などです。

対応としては、とにかく一から丁寧に教えることですが、一定期間が経っても要領を得ない人の場合はその方と仕事のミスマッチも考えるべきです。ただし、今の仕事の先にあ

る大きなビジョンを共有できていれば急に伸びることもあるので、適切な判断が必要です。

イマドキ世代には前述のように「メモやノートが取れない」人も存在するので、何度説明しても「わからない」を繰り返す場合は、何でつまずいているのか、その人の理解度や達成度に合ったさせ方が必要です。この世代は塾などで「達成度別・習熟度別」に分けられて教育を受けてきた世代ですから、きめ細かい教え方によって伸びる余地があります。

②仕事のやり方、進め方がわからない場合の対応法

基本的なことは理解して自分一人でやれるものの、ちょっと複雑な案件や抽象的で不慣れなことになると急に思考停止してしまうパターンです。たとえば「新たに開発した新製品の名前（ネーミング）を決める」、といった課題に対して、マーケティングや製品特性、商品コンセプトやデザイン、社内関係部署、他社製品との比較、法務（商標）上の問題……等々、様々なファクターを一瞥して何が課題になるのか、いつまでに何を決めなければならないか、という全体像が描けない、といったケースです。複数の部署が集まって一つのことを成し遂げるプロジェクトなどではさらに「わからない」度合が強まります（もとより常に新製品を開発している場合は、ＳＰなりＣＩなり、イメージ戦略をつかさどる部署がルーティンワークとしてネーミングを検討、決定していきますが、そうした機能が

未発達な場合は、既存の組織の機能を見て全体を把握した上での進め方が必要となります）。

対応としては、仕事を始める前に最初から最後までの「フロー（流れ）」を作って、いつ、どんなことが発生し、何が予測されるから、いつまでに何をしなければならないかを、仕事の指示段階で共有することです。縦軸に様々なファクターや関連部署、横軸に時間をとり、課題の解決や結論までの道筋を示す、それを行うことで、これからとりかかる仕事の全体像をイメージしてもらいます。リーダーはこのように、メンバーのレベルを見ながら、仕事と相手のレベルに応じた「設計図」を示すことが必要です。

③やり方、進め方はわかるが、「動かない、動けない」場合の対応法

これは多くの場合、組織や部門の壁、役職レベルの壁があって、思うように進まない場合です。たとえば部門間をまたがるプロジェクトでは、こうした「壁」を取り払った前提でプロジェクトを始めるべきですが、プロジェクトで企画がまとまって良いアイデアが出ても、実行しようとすると多くの「組織の壁」が出現することがあるものです。

そんな時こそ、立場と役職を持った上司の出番です。組織上存在する様々な壁を取り払って、プロジェクトリーダーが実行していける環境や状況を整えるのです。

もしここでそれができないとなると、部門をまたがるプロジェクトはかなり難しくなり

ます。上司やプロジェクトリーダーの存在意義や信頼も丸つぶれです。上位職者が若手のプロジェクトメンバーに仕事を「丸投げ」することがよくありますが、中身については任せても着地や実行の責任はあくまでも上司が負うことを忘れないでください。

④全部わかるが、動かない場合の対応法

一番やっかいなのがこのパターンです。

経験も知識もあり、仕事のやり方や着地も見えている、影響力もあるので他部門との折衝もやればできる、なのに動かない。経験の長いベテランや、イマドキ世代の「頭の良い、冷めた」人に見られるケースです。これにはさらに2つの場合があります。

◎ビジョンや目標が見えなくて、何をめざせばいいかわからない↓動かない

レベルや内容は別として、あなたの指示した仕事の意味や、その先にあるものが伝わっていないので、それを成し遂げることで何が見えてくるのかがわからない、ということで動かないケースです。「やっているうちに見えてくる」「やりながら考えろ」と言いたくなるところですが、そこは一つ、相手が納得するまで説明し、共有することが必要です。

◎すべてわかっているが、あえて動かない……確信犯

これは若いメンバーにはあまりないかもしれませんが、全部理解し、進め方も着地もそ

の先にあるものも見えていながら「あえて動かない」ケースです。一番やっかいです。

理由としては、やらない、動かないことで、あえて仕事に穴を作って自分の存在を示すとか、果ては誰か（会社・部署・個人）を困らせるためにあえて何もやらない、といった確信犯に近いものもあります。組織としては本当に困ってしまう存在です。

この場合は、本人を改心させて再び着手できる場合は別として、そもそも仕事を頼む相手が違うことに早く気づき、仕事の割り当てを変えることが必要です。また、仮に確信犯でプロジェクトやチームに協力しない人間がいる場合には、本気で向き合って話し合うか、異動や配置変更を行うほうが得策です。リーダーは、人を育てることと同時に、できる・できないをいち早く見抜いて対処するのも重要な仕事です。

人が動かない理由は様々です。仕事内容や難易度、相手のレベルやマインド、スキル、職場の制約条件や資源等々によってまったく異なります。

「イマドキ世代がわからない、動かない」とひとくくりにする前に、動かそうと思っている仕事と、動かしたい人との関係をきめ細かく見ていくことが先決です。

POINT ▼なぜ動かないか、その理由を見極めたうえで、動かす方法を考えよう

8 イマドキの部下の「タイプ別」トリセツ

言うまでもなく、人はそれぞれ、一人ひとり違います。ゆとり教育や情報デバイスの進化は、この「一人ひとり違うこと」「みんな違って、みんないい」を肯定し、極限まで個性化を推し進めました。一見同じように見えるイマドキ世代も、心の中は一人ひとり違います。

ここに挙げる「タイプ論」はあくまでも一つの捉え方に過ぎません。

しかし、実務をマネジメントする上司やリーダーは、人を見る時の何らかのフレームや枠組みを持っていることが有効です。そのうえで、実際のメンバーとのやり取りを通じてそのタイプ論を修正していくことで、イマドキ世代の取り扱い方がわかってきます。

ここでは「スキル」と「意欲」さらに「プライドの有無」によって8つにタイプ化してみます。意欲とは自分を高めていこう、仕事に貢献していこうという心のベクトルを、スキルとは基本的な理解力や学習能力、また事を成し遂げる実務遂行力を意味します。

①意欲もスキルも高い人

やればできるし結果も出す、気持ちも前向きでもっとレベルの高いことを成し遂げたい、といった理想的なタイプです。このような人ばかりだとどんなに仕事がはかどるだろう……と思いきや、プライドの高低によって対応や「伸ばし方」は異なります。

◎意欲高・スキル高・プライド高

理想的なタイプですが、プライドの高さから小さなミスでも許さ（せ）ない面があり、それが自分や周りを傷つける可能性があります。基本的には、出した結果を認めて褒めることでモチベーションを高めていきますが、その動向、特にチーム内での動きには、常に注視が必要です。

◎意欲高・スキル高・プライド低

秘めたる思いはあるものの表に出さず、プライドが低いので他人が嫌がることでも進んでやってくれる、リーダーにとっては頼りになる存在です。逆に本人のポテンシャルからすると「もったいない」面もあり、本人の力をより積極的に引き出しいくことが求められます。

②意欲は高いがスキルの低い人

仕事をしたい、できるようになりたい、チームに貢献したい、という意識や思いは高い一方で、実務遂行力が追いついてこないタイプです。自分の力をどこまで自覚できているか、またリーダーが自覚させることができるかで、その後の展開が分かれます。

◎意欲高・スキル低・プライド高

思いとプライドだけは高いが実力が伴わない、リーダーとしては非常に手を焼くタイプです。上司に力不足を指摘されても、自分の伝え方が悪かったとか、コミュニケーションのやり方に問題があったなどと言って、力量不足を認めません。場合によってはチーム内の仕事や分担を乱す危険性もあり、きめ細かい注意が必要です。

対応としては、スキルの低さを補いながら本人に自覚を促すことが重要ですが、これが逆効果になることもあるため、慎重な扱いが必要です。

◎意欲高・スキル低・プライド低

がんばりたい、貢献したい、という気持ちはあるものの、スキルもプライドも低く、本人の力を伸ばしていくきっかけやフックに苦慮するタイプです。前向きな気持ちを大切に、通信教育や資格取得など、コツコツ型でスキルを伸ばすことによって「大化け」することもあり得ます。

③意欲は低いがスキルが高い人

潜在的なポテンシャルはあるものの、それを今の仕事で100%発揮しようとしない、ある意味冷めた感じの人です。このタイプは、様々な場面や人との対話から、意欲を高める(=心に火をつける)か、早めの見切りで別の仕事に就くように仕向けることが必要です。

◎意欲低・スキル高・プライド高

やればできるし、「デキル自分」へのプライドも高いが、それを今の仕事で発揮したくないというタイプです。自分にはもっとやれる仕事、レベルの高い仕事がある、と思っている場合もあります。

今の仕事の意味を伝え、それが本人の将来につながることをわかってもらうための対話を重ねることが重要ですが、中には転職を前提に今の仕事をステップと捉えている方もいるので、早めの見極めも必要です

◎意欲低・スキル高・プライド低

高い潜在能力を持っていながら、それを今の仕事で発揮しようとしない、そのような自分を特に何とも思っていない、もったいないタイプです。仕事やプロジェクトでの本人の実績を示すことで「君にはまだやれる、やってほしい」という形で、周囲からの期待を伝えることで、意欲と意識を高めます。

④意欲もスキルも低い人

やる気もなければやる力もない……正に取り扱いに苦慮するタイプで、できればこうした一群は採用しないのが人事の原則ですが、全体の中にはどうしても一定数存在します。本人の適性への見極めが重要ですが、プライドの高低によっては注意が必要です。

◎意欲低・スキル低・プライド高

全タイプ中で最も扱いの難しいタイプです。正にプライドだけは高いという人で、たとえば話し合いなどで見当はずれのことを言って、取り上げてもらえないとそっぽを向く、といった形でチームを乱します。

できればチームから外すことを考えたいところですが、仮に高いプライドを「意欲」に転換できたなら大化けすることもあります。一度じっくり、状況認識と自覚を促す面談を行うことが肝要です。

◎意欲低・スキル低・プライド低

もはや手の付けようもありませんが、逆に社内や職場、チームの風土や雰囲気によって、メンバーをこうした残念な形にしているケースもあります。意欲とスキルは、仕事に対するプライドによって一気に高まることもあり得ます。

チームのメンバーがこのタイプである場合は別として、複数の人がこうした状況になった場合は、あなたの仕事のやり方、チームの率い方に問題があります。もう一度チームでの仕事のビジョンやミッション、ゴールの設定、分担の仕方など全般を見直しましょう。

このように、チームメンバーのタイプは様々です。多様化と個性化をきわめる「イマドキ世代」にあてはめて、最適な「手の差し伸べ方を行うこと」が必要です。

POINT▼チームメンバーの特性を見極めて個別対応しよう

要注意のタイプとは

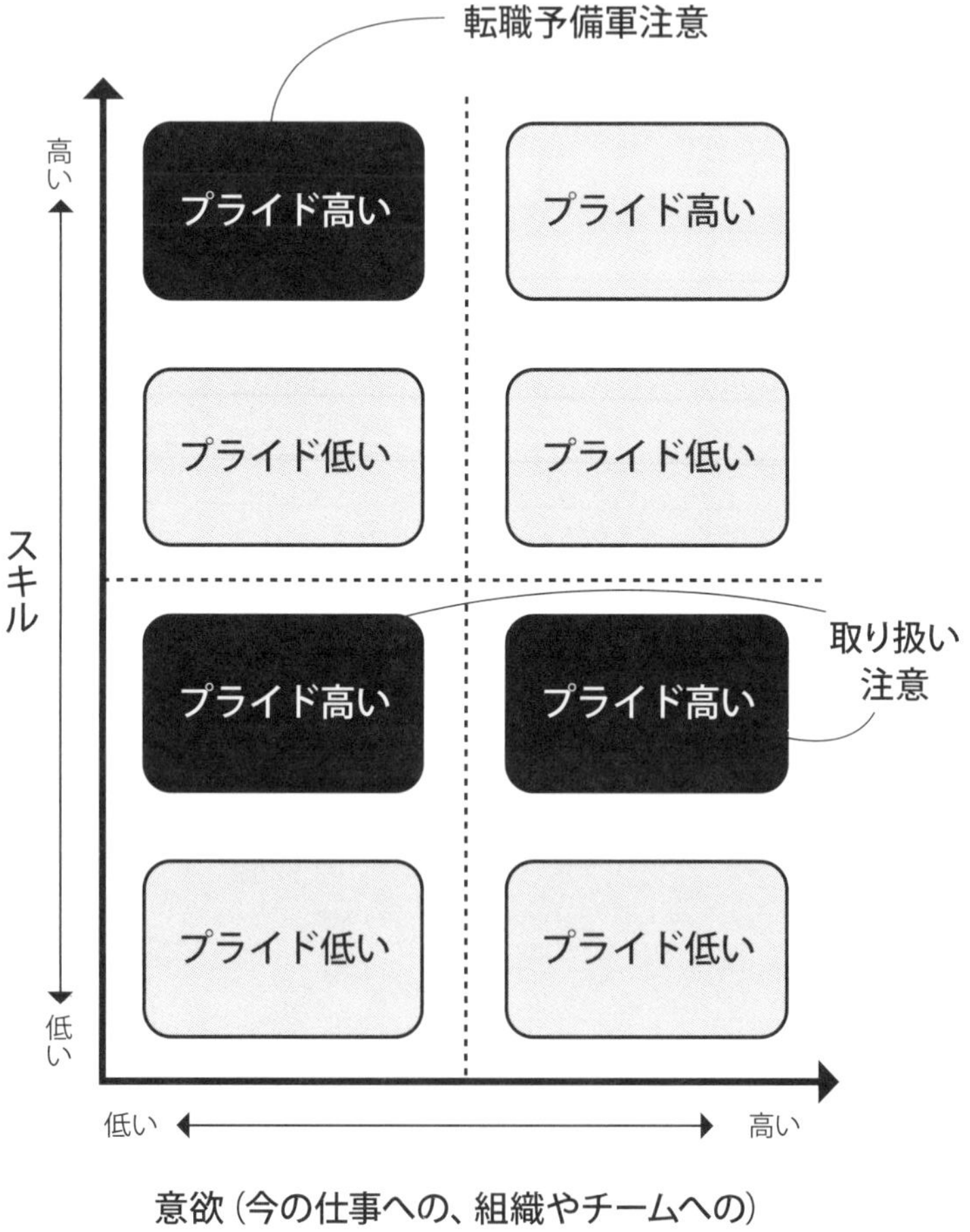

転職予備軍注意
高い
プライド高い
プライド高い
プライド低い
プライド低い
スキル
取り扱い
注意
プライド高い
プライド高い
プライド低い
プライド低い
低い
低い
高い
意欲（今の仕事への、組織やチームへの）

9 上司と部下が対等に〝認め合う〟ことからすべてが始まる

「イマドキ世代の育て方」を様々な側面から見てきました。もとより「育て方」という言い方自体に限界があり、上司、部下それぞれが歩み寄って「良い関係」を作るスタンスこそが重要です。それにはお互いの〝認め合い〟が前提になります。

①上司・リーダーは部下の存在を認めることが必要

何よりも、部下の存在を認めることが重要です。新人研修の時には「当社は人を大切にしている会社です」と言われながら、配属されたら目もくれない、質問しようにも忙しそうで近寄りがたい……となっては、部下を「認めた」ことになりません。イマドキ世代には首尾一貫した対応が必要です。

また、若い世代の常識を認めることで、その上の世代の常識を改めることも必要です。

ある営業職で、上司が数人のイマドキ世代の部下に売上目標を与えて競わせようとしました。（今ではあまり見かけない光景ですが……）壁に張り出された実績グラフの前で部

下たちが、

「A君はさすがだね、とてもかなわないよ」

「いやB君だってアプローチの数ではすごいじゃないか……」

などとお互いを讃え合うのを聞いた上司が、

「君たち、ライバル同士が褒め合っててどうするんだよ！」

と言ってしまいます。上司の世代の感覚では確かにその通りですが、翻ってみれば、部下たちがそのようにお互いに褒め合う中でモチベーションを高め、それをチームの実績につなげているなら何の問題もありません。むしろギスギスした昭和の「モーレツ社員」のほうがいびつな関係を生むのです。

イマドキ世代を認めるためには、これまでの常識や感覚をリセットすることが肝要です。

②部下・メンバーは歩み寄ることが大切

歩み寄りと相互理解のためには、部下やメンバーの側にも努力が必要です。

「自分はこれまでちゃんと叱られたことがない。もし問題があったら遠慮なく叱ってほしい」

最近の若手の中には、本当にこのように思っている人もいます。それは、叱られたことのない自分のままで社会に出て大丈夫なのか、きちんと仕事をしていけるのか、という漠然とした不安によるものです。それほど「ゆとり世代」を育てた時代環境は変わっています。

前出の阿川佐和子氏は『叱られる力』（文春新書）の大切さを言います。上司が部下を感情に任せて怒るのはもってのほかですが、部下の側は自分の弱点を浮き彫りにしてもらうために、「上手に叱られる」ことも大事です。直接でなくても、自分もやりかねないミスのことでを他人が叱られていれば、自分を見つめ直すチャンスになります。

それはまた、単に「叱る・叱られる」という場面に限らず。今の自分を客観的に見つめる目を養うことにつながります。

たとえばミーティングで誰かが資料を作ってきた時、そこから何を学ぶのか。内容はもとより表現やビジュアル、文字の大きさ、説明の仕方、論理の運び方、調査分析や発想力……等々、たった一枚の資料からも学ぶべきことは山ほどあります。それと自分の資料を比べて「やられた！」と思うことで、自分が伸びるキッカケになるのです。それはミーティングでの発言なども同じです。自分の心のアンテナの感度を高めることが非常に大事です。

よくも悪くも「叱られた記憶」は長く残ります。いやな記憶はその後、叱った相手との関係に反映し、場合によっては「二度と口を利かない」ことにもなりかねません。むしろ上司と部下が上手に「叱る力」と「叱られる力」を持つことで、よりよい関係にしていくという前向きの発想を持つことが大事です。

上司と部下、リーダーとメンバーでは、立場も役割も責任も、もちろんもらっている賃金も違います。その違いを前提にしながらも、仕事の上ではいかにお互い「認め合えるか」で仕事の進みは全然違ってきます。これからの上司やリーダーは、どうすれば人が育つか、その人の成長につながるか、ということを常に念頭に置いて、仕事を回していくことが必要です。

特に、ミレニアル世代に代表されるイマドキ世代は、上司やリーダーであるあなたの言動をよく見ています。あなたが言ったこと、指示したことをあなた自身ができているかどうか、たとえば「挨拶が大切だ」と言ったあなた自身が挨拶をしているかどうか、ということで、あなたが信頼できる人かどうかが決まります。仕事に対する指示も同様で、あなた自身がきちんと結果を出せて初めて、指示された仕事に前向きに取り組むのです。イマドキ世代と「普通の言葉で理解し合える関係」を作るには、あなた自身が変わらなければなりません。

—POINT—▼相手を認めるとはどういうことなのか、具体的場面に則して考えよう

第4章

実践！　稼ぐチームの仕事の進め方

1 部下を動かすホンキの〝PDCAサイクル〟の回し方

本章から、イマドキ世代を具体的にどう動かすのか、仕事をどのように指示し、どう見守り、アウトプットを受けてどうフィードバックしていくのか、といったテーマになります。本章では一対一で部下やメンバーを動かす時、そして次章ではチームという「集団」を動かしていく手法について考えます。

一般に仕事の上で人を動かすには、次のステップがあります

●案件（頼みたい仕事）発生

←

①キャスティング（アサイン）……誰に何を頼むかを決めます。

←

②関係づくり……頼む相手との基本的な人間関係を作ります。

←

③目標設定……全体観や方針、やってほしいことの概要を共有します。
↓
④伝達と対話……仕事の中身を具体的に指示します。一方的な「指示・伝達」ではなく、相手の理解度をはかりながら「対話」できるかどうかが勝負です。
↓
⑤任せる……何をどこまで任せたかをはっきりさせて、任せた以上は口をはさまないことが鉄則です。
↓
⑥見守る……かといって、丸投げ・放置は一番ダメなリーダーです。
↓
⑦フィードバックを受ける……仕事の結果を聞いて、指示したことへの到達度をはかります。状況によっては褒めたり、叱ったりも必要です。
↓
⑧次のステップへ……⑦の結果により、継続するか、より高次な仕事を頼むか、逆に業務レベルを下げるかなど、次のステップへ進みます。

上司と部下、リーダーとメンバーの関係は、「仕事（プロジェクト）」という一点を捉えた一時的なものであると同時に、その後も長い関係を築いていくきっかけとして捉えます。

その意味で、②の「認める」と⑧「次のステップへ」を同じ場所に置いて、その人との仕事のやり方の基準にしていく、そしてそれをレベルアップしていくことが大切です。

昔の井戸の掘り方に「まいまいず井戸」というのがあります。地面からいきなり地下に掘るのではなく、まいまい＝カタツムリのように、まず地上かららせん状に降りていく道を作って、一番底から井戸を掘るのです。

〝人を動かすＰＤＣＡサイクル〟は、あたかも、**「まいまいず井戸」や「らせん階段」を下りていくように、仕事を通じて関係を深めていく、レベルや中身は違っても、メンバーとの仕事の仕方を共有していくための「コトバの通じるチーム」づくりのサイクルにすることができます。**

以下、具体的に説明していきます。

―ＰＯＩＮＴ―▼仕事を通じて人間関係を深めていきながらチームを作っていく

人間関係を作りながら仕事を進めていく

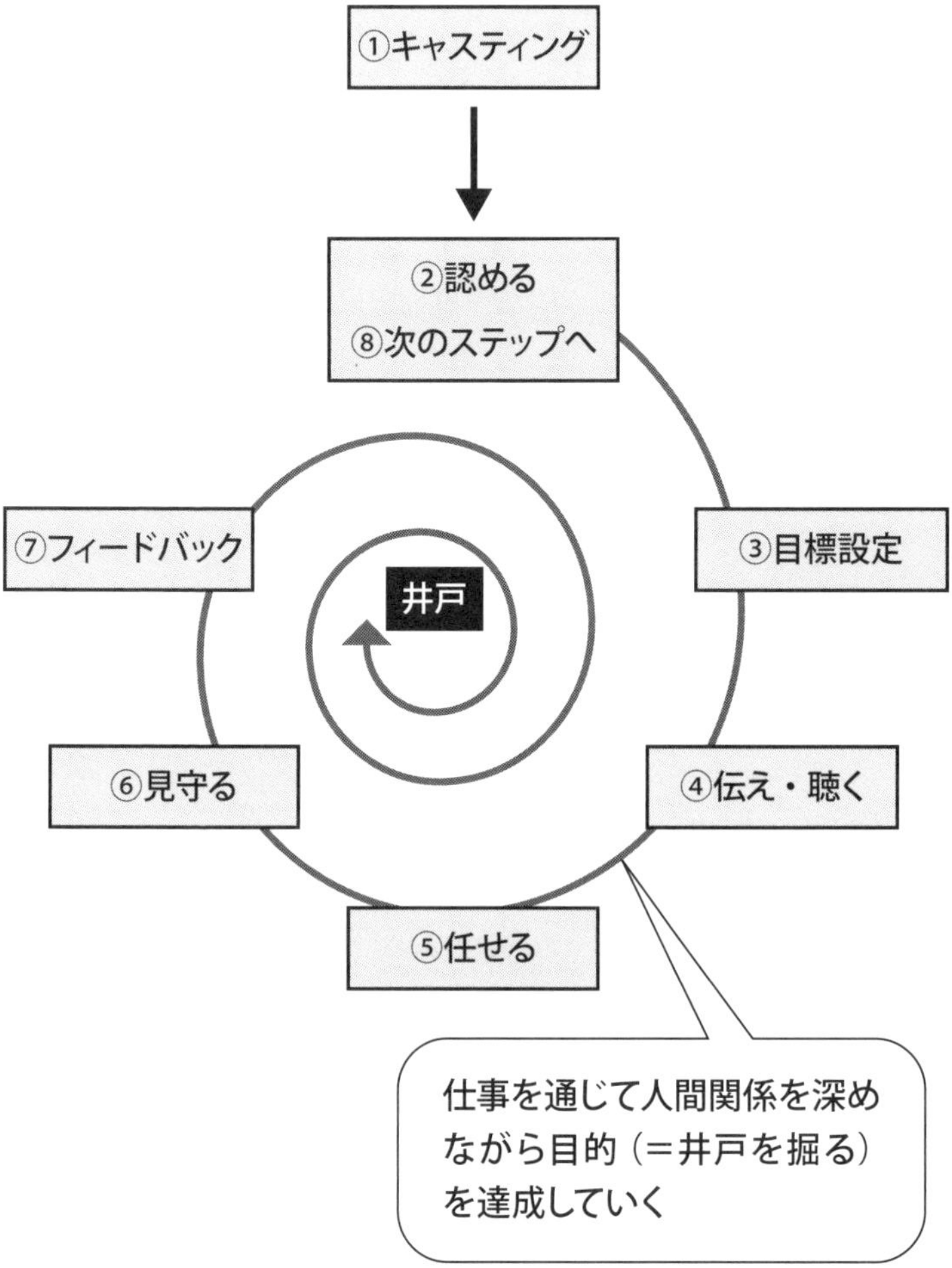

2 誰に何を頼むかで仕事の9割は決まる

「この件は誰をアサインしたらいいかなあ……」「この仕事がわかる人を10人アサインしてください」「A社のプロジェクトにアサインすることになってるんだけど……」。

最近あちこちで聞かれる「アサイン」と言う言葉。ＩＴシステムの蔓延で広がった用語の一つですが、要は「仕事の割り当て」や「任命」、プロジェクトへの「参画」を意味します。そこには、仕事やミッションなどの明確な「やるべきこと」がまずあって、それにやれる人を割り当てていく、という発想があります。

「人を動かす」第一条件は、「動く人・できる人に頼む」こと。当たり前のことですが、仕事と人の関係がミスマッチを起こせば、いくら説明しても、またどんなに教えたりフォローしても結果は出ません。実際に動くことがわかっている人を、頼みたい仕事との関係でどれだけ確保できるか、また動くように仕向けるかが重要です。

同時に、「頼みたいこと」が明確になっていないと頼めません。誰をどう動かすかの前に、何をどうしたらいいのかについて、あらかじめハッキリさせておくことが前提です。アサイン＝割り当てという言い方の裏にはこれがあります。頼むほうが「あいつに頼めば何とかなるだろう」というのでは、リーダーの仕事をしているとは言えません。

問題は、「誰に頼むか」です。手の空いてる人に頼めばいい単純作業、担当分野に長けている人でないとわからない会計報告書類作成、やりたそうなサインを送って来るプロジェクトの若手メンバー等々、さまざまなケースがあります。この「仕事と人のマッチング」については、それ自体が一つの重要な「業務」とも言えるほど、リーダーの要の仕事です。

何となくあいつができそうだから、というだけでアサインしていると、デキる人に仕事が集中して、結果が出ません。よく、「どのプロジェクトも同じメンバーばかりがアサインされてるな～」ということがある組織では、もう一度この「仕事と人のマッチング」について考え直す必要があります。

具体的には以下の２つのことが大切です

①誰が何をできるか、どの分野のどんな仕事について、どこまで知見やスキルがあるかということを知っておく

あなたは、アサインしたいメンバーの経歴や仕事上の経験を、個人別にどれだけ知っていますか？　リーダーは、アサインしたい人やメンバーになった人の性格や気質なども含めて、日頃からどれだけ押さえているかが重要です。本来は人事部にそのようなデータベースがあって、上司やリーダーに開示されていればよいのですが、単なる「異動配置記録」だけでは使えません。個人情報に配慮した上で、メンバーの過去の経験知を可視化し、「人材データベース」を持つことが必要です。それは単に、今の部下やメンバーだけでなく、社内、もしくは社外の専門家や人材についても同様です。

世の中で若くして大きなプロジェクトを成功させた人は、社内外のネットワークを広く厚く持っていて「人に仕事を頼むこと」についても優れています。リーダーには「この件については誰に頼めば大丈夫」という目利きとリストが必要です。

②「やりたい人」と「やれること」を見極める

やりたい気持ちを送って来る人やメンバーは、確かにアサインの候補になります。モチベーションも高く、頼むほうにとっては好都合です。重要なのは、やりたいと言ってるメンバーと、頼みたい仕事とのレベルの見極めです。「本人がやりたいと言ってるから」だけで頼んで、できない場合に本人のせいにすることはできません。すべての責任は、仕事を頼んだリーダーにあります。この見極めをしたうえで、着地の想定が必要です。

POINT ▼本当に仕事ができる人に任せるのが上司の仕事

3 仕事は人間関係づくりで決まる

たとえ仕事上だけのつながりとは言え、やはり人間同士、相手のことを理解し、認め合うことが必要です。認め合うためにはお互いに「知り合う」ことが必要です。職場への配属であれプロジェクトへの起用であれ、初対面の部下やメンバーとは個別に面談やヒヤリングを行い、お互いに人として「知り合う」ことから「認め合い」が始まります。

昨今は個人情報が厳しいため「仕事の場だけでのつき合い」というケースも多いと思いますが、その場合でも、相手がこれまでどんな人生を歩んできて、どんな職歴で何を経験し、何が得意で何が不得手なのか、といったことは最低限知る必要があります。

新たに配属された人やプロジェクトメンバーがいる時は、１３１ページの表のようなフォーマットで面談・ヒヤリングを行います。どこまで聞き出せるかは別として、単なる名前や経歴だけでなく、仕事や生活で何を重視しているのか、どんな特技や趣味、得意分野を持っているのかといったことを認識することによって、メンバーの存在を広く「認め」、人としての理解が深まるのです。重要なポイントは２つです

①相手よりまず、リーダーであるあなた自身のこれまでのことを開示すること

相手を知るには、まずリーダーであるあなた自身を知ってもらうことが先です。次ページの項目に沿って自分のプロフィールシートを作って渡し、自己紹介をしながら相手のことを聞きます。抵抗がなければ事前に書いてもらって、面談に持ってきてもらうこともできますが、初対面で相手があなたのことを知らない場合は、面談での会話の中で聞いていきます。

②個人情報に配慮すること

個人情報保護時代を迎え、かつては普通にあった住所・TEL入りの社内名簿は見かけなくなりました。面談で開示してもらう情報は、あくまでも部下やメンバーが同意したものに限ります。つまり「言いたくないことは言わなくてもいい」というスタンスを守ること、そして面談の中で出た情報は、上司やリーダーが厳格に管理しなければなりません。

イマドキ世代は、個人情報についても教育を受けています。採用面接でも「親の職業」などの質問事項が制限される時代、あなたと部下とが認め合うために必要な範囲で、次ページのようなプロフィールシートの項目を埋めていくことが大切です。

POINT ▼部下を「認める」ことから始めよう

プロフィールシートの例

氏名 生年月日、出身地 ,家族構成等	(個人情報には留意のこと)
仕事の履歴	◆社内履歴、社外を含めた履歴……どんなことをやってきた? ◆これまでで一番思い出や印象に残っている仕事 ・一番自分が伸びた、貢献した ・一番つらかった ◆直近でやっていたこと
得意・専門分野、 特技・資格等 自分の強み・弱み	何について、どこまでの造詣があるか 自分が思う強みや弱みとは?　好きなこと、苦手なこと 自分はどんな役割を果たすのが合ってると思うか?
ビジョン	3年後、5年後、10年後の自分のイメージは? くらし、仕事、立場、やっていること、どうなりたいか?……っていうことについて何かあるか……
要望	自分がこの担当やプロジェクトでやりたいこと、果たしたい役割
趣味・はまっていること	どんなこと、どの程度
この1冊、この1曲を挙げると? 好きなことば 好きな場所、好きな時 すきな感じ	イメージでいいので、どんな感じ、どんな気分の人なのかを探る

4 目標を設定すると部下は動き出す

ある新入社員の「告白」に次のようなものがありました。

「入社直後は緊張して新しいことをいろいろ覚えたが、しばらくすると来る日も来る日も同じことの繰り返しで、これが一生続くのかと思うと気が遠くなる。」

「学生時代は目標が明確だった。勉強して受験して、大学でもゼミや部活で目標を持って取り組めた。就活までは志望する会社に入る、という目標があった。でも入社して一気にそういう「明確な目標」を失った。「売上目標」が、人生の目標にはなり得ない。」

「顧客のクレームで人間不信になっている。大人って、人間って、こんなにくだらない生き者だったのか。そういうクレームに毎日対応している自分が悲しい。もし出世して管理職になればもっと大変な仕事になると思うと、偉くなろうとはとても思わない。」

いかにも新入社員にありがちな声と思いきや、誰もが一度は経験したこの年代の気持ちをしっかり受け止めて、前向きに転換できるかどうかで、本人のスタンスや成果、ひいてはその後の人生が違ってきます。それは新人だけの問題でなく、4月に新しい体制でスタートする時に異動した人、タスクフォースやプロジェクトが組まれて新たにメンバーにアサインされた人も同じです。それぞれの時、それぞれのミッションに合わせた「目標設定」が必要です。これには2つのステップがあります。

①個人目標の設定と共有：ビジョンの共有【同じ方向を向く】

目標設定の第一は、上司と部下、リーダーとメンバーが「同じ方向」を向くことです。変化が激しく、先行きの見えない時代、会社や組織がどこに向かっているのかが見えづらいからこそ、同じチーム、いわば同じ船に乗った者としてどこへ向かっているのか、どういうスピードで、いつまでに、どこへ行くことをめざしているのか、という基本的な方向についての共有が重要です。

単に「売上目標○○円」「新規獲得○○件」ではなく、その売上や件数を成し遂げることでメンバー自身がどうなってほしいか、会社や組織はどうなっていき、それを達成することにはどんな意味や成長への期待が込められているのかを共有します。

先の新入社員の言葉にもあるように、イマドキ世代は特に「この仕事、この目標が自分にとってどういう意味があるのか」「クリアすることで自分に何が身について、どういう成長ステップを踏むことができるのか」を強く意識しています。それは「俺について来い」「俺について来れば大丈夫だ」といった昭和のリーダーとは正反対に、リーダーとメンバーが一緒になって、「メンバーの成長」という同じ方向を向いて仕事をすることを意味します。

リーダーとメンバーは、「過去」と「現在」と「未来」という3つの地点に立って、メンバーのやってきたことやこれからやりたいこと、やるべきことを話し合うことが重要です。先のプロフィールシート（131ページ参照）の中にも項目としてあるように、3年後、5年後、10年後にどうなりたいか、どんな分野でどんなことをしているイメージがあるか、について話すのです。

「与えられた仕事」と「自分の行く末」がどこまで一致できるか、同じ方向を向けるかどうかでメンバーの気分＝モチベーションは大きく左右されます。

②ゴールの共有【めざしている場所を共有しよう】

方向性に次いで、具体的なゴールを共有します。営業予算や経費予算のように数字で表せる場合と、「○○ができるようになる」「○○を達成する」といった行動目標の場合、また新規プロジェクトの場合は「○○の事業の立ち上げ」「○○システムの実装」など、分野や職務によって様々です。特に後者のような「行為目標」の場合は、かなり具体的に話し合ってお互いによく理解しないと、評価の時に納得感が得られず、モラルダウンの原因になります。

前に、上司やリーダーの仕事は、「仕事そのもの」と「メンバーの育成」という2つあることを述べました。部下の目標は上司の目標です。上司の仕事は部下が目標達成できるように支援することです。このあたりまえの基本に立ち返れば、部下を放置したままにして仕事を「丸投げ」することはないはずです。

イマドキ世代との関係を見直し、ホンキで動いてもらうために、目標設定は非常に重要です。それには、定期的な面談だけでなく、様子を見ながらとにかく部下と話す、メンバーと話す機会を設けましょう。

POINT ▼目標を設定することで部下に責任が生まれる

5 なぜ、「伝えること」と「聞くこと」をセットで行うと効果が上がるのか

「コミュニケーション能力」「雑談力」「伝え方」「聴き方」……ビジネスの周辺では、今、本も雑誌もセミナーも「コミュニケーション」に悩む人々でいっぱいです。本書もそうした流れの一冊ですが、どうやら会社や仕事をめぐっては「人と人がわかり合えない」状況が長らく続いているようです。

中でも「伝え方」と「聞き方」の二つについては、まるで小学校の国語の授業で習うようなことが大人社会、ビジネス社会で常に問題になっています。

昨今の環境与件の一つに「メール」の普及があります。手紙や電話とは異なるまったく新しいコミュニケーションツールとして登場したメールは、手軽に、多くの人に、どんな長さでも、自分のメッセージを伝えることができます。添付資料も自由自在、ｃｃをつけることで「こういう議論をしている」「自分はこういう見解である」ことを関係者に周知もできる……夢のようなツールです。

しかし、「言いたいことを一方的にいくらでも言える」という自由度の逆効果として、

相手のペースに合わせてじっくり話を聞いたり、相手の反応を見ながらこちらの言いたいことを差しはさんでいく、相手の言い方に応じた物言いを積み重ねることで、お互いの理解を得ていく、という「対話」の要素を弱めました。最近ではＬＩＮＥを使ったオフィスコミュニケーションツールも登場してはいますが、ここでは改めて「伝えること」と「聴くこと」について考えてみます。

強調したいのは、「伝える」と「聞く」という正反対のベクトルを分けずに、一つのもの＝「対話」として捉える視点です。一方的に「伝え」たり「聞い」たりするのではなく、双方向で「伝え合う・聞き合う」こと。これを前提に、留意点を挙げます

（1）「伝える」時の留意点

①「伝える」ためにはエネルギーが要ることを自覚しよう

「皆さん、42インチの大画面がリビングに来たら、格好いいでしょう。お宅のリビングが一気に生まれ変わりますよ。素敵なリビングになるんです。それだけではないですよ。大きなテレビがあったら、自分の部屋にこもってゲームをしていたこどもたちがリビングに出てきて、大迫力のサッカーを観たりするようになりますよ。家族のコミュニケーション

が変わるんです！」（高田明著『伝えることからはじめよう』東洋経済新報社１３６頁より）

ジャパネットの創業者で前社長の高田明氏は、大画面テレビの販売にあたってこのように紹介します。ここには「画素数が……」といった技術的な機能の話はまったくありません。大画面テレビがリビングにあったら生活がどう変わるのか、買い手の立場に立ったライフスタイルの変化を何度も何度も、独特の様々な語り口で伝えます。それは「引きこもり」といった社会的な問題まで含むきわめて射程の長いもので、ここまで伝えきった時に初めて「伝わった」と感じることができると言います。

「伝える」と「伝わる」の違いは、単に勝手に伝えた気持ちになっているか、聞き手にとって本当に心に響いたかの違いです。そして人は「伝わって」初めて動きます。

ダイバーシティ社会の進展により、同じ日本語を話していても「通じない」状況が増えています。同じ部や課、同じプロジェクトのメンバーでも、正社員・フルタイマー・中途採用者・育児勤務者……等では、雇用形態が違うだけでなく、仕事に求めるものやスタンスも、そして働ける条件もまるで違います。イマドキ世代はなおさらです。

これからのリーダーには、同じ日本語を話していても、相手は〝外国人〟であると思って「言葉が通じるかどうか」をはかりながら伝えていくことが必要です。それは、〝以心伝心〟の風土がある日本では自覚しづらい「コミュニケーション」ということを、それ自体としてあえて自覚し、伝えること自体にエネルギーをかけることにつながります。

イマドキ世代から「それならそうと最初から言ってくれ」と言われたら、あなたの伝えたかったことが伝わらなかったサインです。「言った」と「伝わった」は違うことに留意しましょう

②全体観の位置づけ、仕事のスタートとゴールを明確に「伝えよう」

前述のように、部下やメンバーがその仕事をすることにどんな意味があるのか、それを成し遂げると何が変わってきて、乗り越えた先にどういう「風景」が見えてくるのかを伝えます。それは、

・全体像とその中での位置づけ
・指示する仕事の範囲と奥行き……何を、どこまで頼むか
・仕事のスタートとゴール

について明確に伝えることを意味します。

よく、仕事を指示する時には明確に指示しながら、いつまでたっても上司からのチェックも、部下からの報告もなされないことがあります。業務を取り巻く状況が変わって、頼んだ仕事が必要なくなったり意味合いが変わったのに、上司はそのことを伝えないでズル

ズルと時間が過ぎて、結局は報告も何もなく終わってしまう、そして部下のやったことはすべてお蔵入りになるパターンです。部下としては「上司からは、最初は気合を入れて頼まれたが、その後なんの音沙汰もない」となり、「上司の指示とはそんな程度なのか」ということからモチベーションはダウン、その結果、二度とその上司の仕事はまともに取り合わなくなります。マネジメント上は絶対に避けなければなりません。

また、仕事の指示に限らず、何かを説明する時には、いきなり自分が言いたいことを言い始める前に、全体の中での位置づけを明確にすることが重要です。しかし、あまりにも前段が長いとポイントが不明瞭になります。自分の伝えたいことの前に、どれだけ要領よく地ならしをして本題に入れるかは、「上手な伝え方」の要諦です

③「何を」「何個」言いたいのかを整理してから伝えよう

アイデア豊富で次々と思いが浮かんできてしまい、次々と話が飛んでいく人がいます。本人はよいのでしょうが、話についていけない人にとってはストレスが募り、結局何が言いたかったのかわからなかった、という印象だけが残ります。漠然と話を始めてしまい、何を言いたいのかわからないタイプの人も同様です。

また、資料を使って説明をする場合、パワーポイントの作り方が下手で、かえってわか

りにくいことがあります。パワーポイントはすぐれたツールですが、きちんとストーリーができていて初めて「わかりやすい紙芝居」になります。単に項目を並べるだけであればパワーポイントにする必要はなく、逆にありったけのデータを盛り込んだモリモリのパワーポイントは、細かくて見ることができません。

何かを説明する時でも、また部下を叱る時でも、自分がこれから何を伝えたいかを整理しましょう。どんなに気持ちが高ぶったり緊張していても、一呼吸おいて、**「何を」「何個」伝えるのか**を明確にします。そして**話の「かたまり」がいくつあって、どういう関係になっているのか**をハッキリさせてから、話し始めます。思いつくままにズルズルと話されるのが、聞くほうにとっては一番のストレスです。

④「言ってることとわかる?」「私の話、伝わってますか?」の使い方

たとえば、ドラマなどで若い男女が、まだ付き合っているかいないかわからない段階で一緒にお茶を飲んだりどこかへ行ったりすると、こんなセリフを言うことがあります。

「これって、デートなのかな?」

「これって私たち、付き合っているってことなのかしら?」

ドラマでは、２人がこれから恋人関係になっていくか否かの節目となる重要な場面です

が、この言い方、その場の状況を客観化する上で非常に有効です。「伝え方」の場面で言うと、こんな言い方があります。

「いちばんお知りになりたいことは何ですか？」

「今から私は何をお伝えすればよろしいでしょうか？」

「……という、こんな話でお答えになっているでしょうか？」

「この時間、こんなことを話していてよかったでしょうか？」

たとえば営業の客先での商談で、顧客が聞きたくもない商品説明を長々と聞かされて、それだけで敬遠されることがよくあります。聞かれる前に察知するか、相手の知りたいことや状況をあらかじめリサーチしてから、商談を組み立てる必要があります。

会議やミーティングでの説明も、言いたいことを一方的にまくしたてて、聞きたい話にたどり着かない、いざたどり着いても肝心のことがあいまいでストレスがたまる、といったシーンがよくあります。

ここは一つ冷静になって「私の話、伝わってますか？」「こういう話でよかったでしょうか？」と問いかけてみます。するとその場の空気が深まって、「伝え合う場」「わかり合おうとする場」へと変わっていくことがあります。

店舗での、顧客と販売スタッフの接客にも、似たようなことがあります。

アパレルファッションの優秀な販売スタッフは、来店したお客様の来ている服から好みやサイズを一瞬で捉え、またショップ内で見たり触れたりした商品をチェックしてさりげなくその方の好みを察知し、いざ接客するタイミングになると、サイズもセンスもぴったりのものを「こちらなどはいかがですか」と持っていきます。その動きは正に「人間国宝」とも言える、絶妙なものです。いちいち「この商品の特徴は……」とやり始めては、売れるものも売れません。相手が求めるものは何か、言ってほしいコト、見せてほしいモノは何かを「洞察」し続けることが、「伝わるコミュニケーション」につながります。

⑤伝わるかどうかの根本は、伝える上司の〝語彙力〟にある

すぐれた経営者・リーダーはすぐれた言葉の力を持っています。

いまだに多くのビジネスマンの支持を得ている一人に、松下幸之助がいます。丁稚奉公から始めて松下電器（現：パナソニック）を立ち上げ、巨大な企業に育て上げてた、正に立志伝中の人物ですが、松下は、数々の実績と並んで多くの「言葉」を残しています。

★松下電器は何を作るところかと尋ねられたら、松下電器は人を作るところでございます、併せて、電器器具も作っております、こうお答えしなさい。

↓「企業は人なり」、「当社は人を大事にしている会社だ」などといったことを何回聞くよりもはるかに説得力がある一言です。

★経営のコツここなり、と気づいた価値は百万両
↓経営のやり方、商売の仕方は一言では表せないが、そのコツに気づいたことの価値はお金では表せないぐらい価値があるということです。

そのほかにも、**「社員稼業」**（＝社員が会社の仕事を自分の家の稼業だと思うことで、やる気も達成感もわいてくる）、**「水道哲学」**（＝物資を無尽蔵に生産することで、社会は豊かに、価格は限りなく小さくなっていく）、**「ダム経営」**（＝資金や人材、技術など、様々なスペックに「溜め」を持っておくことが、企業の余裕につながる）等々、幸之助の言葉の泉は尽きることがありません。

話は変わりますが、高齢社会化が世界一で進む今の日本で急成長した、とある高齢者住宅ビジネスの経営者が、こんなことを言っていました。

・私たちの仕事は、人の死という人生最大の舞台を持っています
・お年寄りは本当に「ありがとう、ありがとう」と言ってくださいます。でも、**入居者の**

感謝の言葉は悪魔のささやきです。お年寄りに「ありがとう」と言われるのに慣れていると、油断してサービスのレベルがどんどん低下していくのです

どちらも、介護サービスという、人の人生に寄り添うビジネスをしていくことの深い意味を、端的な言葉の中に凝縮させています。

ビジネスシーンでは「伝え方」のノウハウが花盛りですが、様々なテクニックはそれとして、一度あなたがリーダーとして発している「言葉」を見直してみましょう。そしてご自身の語彙力＝ボキャブラリーについて、この言葉を聞かされた部下が本気で動くか、動きたいと思うようになるかどうかを考えてみましょう。

人は抽象的なビジョンでは動きません。具体的なイメージと、力のある言葉で動きます。キラキラした借り物の外来語を使うことは逆効果です。自分が本当に伝えたいことは何なのか、自分自身に対する洞察の深さが、「伝わる言葉」を生み出すのです。

(2)「聞く時」の留意点

「面白そうに聞く」「相手の気持ちを推し測る」「段取りを完全に決めない」「相手の目を見る」「目の高さを合わせる」「フックになる言葉を探す」「相手のテンポを大事にする」。

作家でありインタビュアーとしても人気の阿川佐和子氏は、多くの高名な人とのインタビューから学んだ、「聞き方」の極意を挙げています（『聞く力』文春新書参照）。それは単なるノウハウではなく、想定外の場面や話題に翻弄され、数々の修羅場を乗り越えてきたことで初めて語れる秘伝です。

ビジネスノウハウの世界では、今、空前の「聞き方」ブームが訪れています。「詳しく聞かせてくれる?」「なるほどね～そうなんだ～」「大変だったね」「いいね!」等々、上司が部下から話を聞く時の「上手なあいずち」の打ち方を練習する研修まである時代です。後述するように「聞くこと」と「伝えること」とは一体のものですが、ここでは「聞き方」のポイントとして以下の点を挙げます。

①「聞くこと」へのエネルギーを自覚しよう

ある職場で、部下たちに「あなたの上司は、あなたと定期的に面談をやっていますか?」というアンケートを実施したところ、大半の部下は「面談はやってくれていない」に丸をつけました。上司に問いただすと、「きちんと半期に一度、一人ひとりと面談をして目標を設定しているし、期末には達成度評価とフィードバックもやっている」と言うのです。なのに部下たちは「うちの上司は面談をやっていない」と思っている、このギャップはどこにあるのでしょうか？

ビジネスの現場で「聞くこと」の第一は、自覚的に「聞く」という場面を設定すること、いわば「聞くこと」へのエネルギーの掛け方にあります。それは「伝え方」の第一が「伝えることへの自覚的エネルギー」だったのと同じです。

「今から面談をやります」「仕事上の悩みや困ったことを聞かせてください」……言い方は様々ですが、重要なのは、「あなたの話を聞くための場面」を自覚的に設定し、部下やメンバーにわかってもらうことです。単に「何かあったら、いつでも言いに来てください」というだけでは、誰も、何も言ってきません。また、たまたま行き会って立ち話でいろいろ聞いても、それは必ずしも相手の話をきちんと「聞いた」とは言えません。

上司と部下の趣味が同じで話が盛り上がっても、「仕事」の話はまったく別で、別途時間をとる必要があります。

「聞く」ことは「伝える」ことよりもエネルギーが要ります。「聞く」ことこそ、上司やリーダーの一大業務であると自覚しましょう。

②聞く・訊く・聴くの3段階

一般に「きく」には3つの段階があります

・聞く：特に意識せず耳に入って来る段階
・訊く：きく側が意識して質問して、相手の考えを引き出す段階
・聴く：相手の内面を引き出すきき方

アサヒビールのトップにして、アサヒグループホールディングス会長の泉谷直木氏は、特に「聞く」の段階を大切にします。それには、部下を社長室に呼びつけるのではなく、自分から担当者のフロアに出向いて、部下と目線を合わせる。そのためには物理的に同じ高さに立って部下の言葉を聞くことで、たとえばゴミ箱に腰を下ろして「聞いた」そうです。(『プレジデント』２０１６年6月18日号、39頁参照)

上司やリーダーは、部下が話し始めたら最後まで「**聞く**」のが鉄則です。上司が部下の話をさえぎって何かを話し始めた瞬間、部下は逆に、上司の意向を聞くモードになって、思いを吐き出すことがストップするからです。この「部下の話を一通り最後まで聞く」というのは非常にストレスが溜まりますが、ここを乗り切らないと有効なコミュニケーションになりません。

そしてさらに、部下の話を聞き終えたら「自分はこう思う」と「それはこの点が問題だ」などと言い始めるのではなく、「あなたはどう思う？　どうしたらいい？」と、部下やメ

ンバーに「**訊く**」のです。つまり部下そのものに問題解決の下駄を預ける、そこで初めて部下が当事者意識を持って、自分の問題として考えるようになります。

最後に、部下の解決策や考えのより深い部分、部下が思っている本当の思いを「**聴く**」ことで、上司と部下、リーダーとメンバーのベクトルを一致させます。ここは一番難しい部分ですが、部下が本当に問題だと思っていること、やるべきだと考えていることを引き出すことで、ホンキのやる気が出てきます。なぜならたいていの場合、課題や問題をいろいろ並べたてている部下も、自分は本当はこうしたらいい、こうすべきだという答えを、自分の中に持っているからです。

もちろん、部下の思いと上司やチームの方向性がズレていることもよくあることなので、そこを修正しながらいかに一致させていくかが上司の腕なのですが、基本的にはこの「聞く↓訊く↓聴く」の３つの段階を踏むことを忘れずに面談しましょう。

③相手の言いたいことを引き出すための「知ったかぶり」のすすめ

「いい質問ですね～」

池上彰氏がよく使うこのフレーズ、正に発言者や質問者のモチベーションを上げる効果を持っています。「いいことに気づいたね」「正にそこが問題だ」……等も同様ですが、発言した人の心を捉えるマジックワードです。そこには人と人との「対話」が始まるきっかけが潜んでいます。

よく「知ったかぶりをしない」「中途半端な知識をひけらかさない」ことがインタビューの要諦だと言われます。銀座の高級クラブのママはこう言います。

「野球、ブランド、映画など、話題にできる「得意分野」を最低5つから、できれば10くらいつくって準備しておき、お客様の得意な話題につなげていきます。ただし、話題をたくさん仕込んだとしても、その知識をただ単にひけらかすだけでは失格です。飛び交う話題をきちんと理解し、タイミングよくふさわしい間（あい）の手を入れ、会話が途切れることなく、気持ちよくお喋りいただくようにしています」（前掲「プレジデント」56頁より）

さすがは夜の銀座のママ、話題を盛り上げるプロのレベルは高いものがあります。

他方で、自分の知らない分野や話題であっても、あえて切り込んでいくことで新しい展開があることもあります。ある意味〝知ったかぶり〟をすることで、より相手の言いたいレベルのことを引き出すきっかけを作ることになるからです。同時に、自分の知識や情報も新たな次元に開かれる可能性があります

実際、初めて訪問する会社の初対面の担当者と話す時など、相手の仕事を知るうえで多くの「知ったかぶり」な会話が引き起こされます。その時重要な点は2つです。

・知ったかぶれるだけの最低限の知識や情報は仕入れておく

たとえば知らない業界の会社や、分野の違う初対面の人に会う時でも、相手が今現在どういう状況なのかを調べてから行く。日経新聞とホームページ検索は必須。また社内でも、相手の部門がどういう課題を抱えているかには関心を払っておく。

・わからない用語や概念は、すぐに調べる

面談中にわからない言葉や概念が出てきた時は、その場で確認できれば確認するとともに、あまりにもその業界であたりまえのことを知らない場合は、あとで必ず調べて自分のものにしておく。こうした小さな積み重ねが、「聞き出す力」「対話力」の源泉です。

④相手の中にある「答え」を引き出す……聴く、ということ

「……たとえば、ある人が僕のところへ来て、「先生、頭が痛くてかないません」と言ったら、「頭のどこが痛いんや?」とか、「いつから痛うなった?」などと言わずに、「頭が痛いんですね」とただ聴いている。そうすると「私の頭痛は○○のころからはじまって……というようなことを言いだしますね。それでも、それが始まったころに何かありましたか」というようなことを尋ねたりしないで、ともかく相手の言う通りを聴いていこうとするわけです。ともかく聴く。これが、まず第一に考えられたわけです」（『河合隼雄のカウンセリ

ング入門』創元社より）

日本にユング心理学を紹介するとともに「臨床心理学」という分野を切り開き、文化庁長官も務めた河合隼雄氏は、「聴く」ということについてこう言います。もとより心理学者にとって「聴く」とは命がけの仕事です。様々な「心の病」を抱えたクライアントを前に、いかに向き合い、長い時間をかけてどれだけ症状を改善できるか、そこには単なる知識や経験に加えて、専門的な洞察が必要です。

河合氏の言葉からは、相手の心の中にあるものを「引き出す」といった安直な問題ではなく、命がけでクライアントの心に寄り添い続けることによって、クライアントの心の中にある問題をクライアント自身の力で表出させるという形で、対峙する、その膨大な「聴くためのエネルギー」を感じます。

ビジネスの現場で悩みを相談された場合でも、相手の中に答えがある場合が多くあります。それをありのままにどこまで聞ききれるか、途中で口をはさまずに相手のペースで最後まで聞けるか、それには大変なエネルギーが必要ですが、あえてそうすることで、伝えることが伝えやすくなったり、相手の中にフィットすることもあります。

伝える前に聞く、伝えながら聞く、聞いてから伝える、などケースは様々ですが、ビジネスコミュニケーション上の「聞く」ということの大切さもここにあります。

（3）そして、「伝えて聞く」「聞いて伝える」……要するに「対話」

これまで「伝え方」と「聞き方」について様々述べてきました。大切なのは、「聞く力」と「伝え力」は同じ一つの行為、一つのスキルの裏表であるという点です。

どちらに力点を置くかは、その場面や相手、テーマや課題によってまったく異なりますが、単独で「聞くだけ」「伝えるだけ」という行為はあり得ない。人と人が何かを合意し、同じ方向を向いて何かを成し遂げ行く場合、そこには必ず双方向のベクトル＝対話が必要です。よく、パターン化された伝え方や聞き方のノウハウに、今の自分を無理やりあてはめて、不自然な話運びを行っているケースがあります。ノウハウやメソッドはそれとして、自分が何を伝えたいか、何を引き出したいかを自分の頭で考えて整理しない限り、いかに多くのメソッドを習得しても現場では使えません。

当事者として、自分の問題に落とし込んで血肉化することが、対話の原点です。それはまた、社内説明や社外プレゼン、会議やミーティング、個人面談など、場面を問わず人と人が話をすることがビジネスのイロハでもあります。

・自分の聞きたい話と相手の言いたいこととがズレている面談

・話し手が、プロジェクトが「進まない理由」として自分の部署の事情や都合を延々と話し続けていて、どうすればプロジェクトが進むか、みんな何をすればいいのかに至らない会議

・新製品の特徴や価格など、スペックに関する核心の話をしてほしいのに、延々と開発趣旨や他社との比較の話をされるプレゼンテーション

・こちらの要望やニーズを聞いてほしいのに、自社製品のすぐれている点ばかりを延々と述べ立てる営業マン

このようなじくじたる思いをしながら、今日も多くの無駄な時間がこの国のビジネスシーンを流れています。

相手の身になって考えて話を組み立てること、自分が今、誰の話を聞くべきか、そのためにはどういう話題を出せばいいのか思いめぐらせること……この両者を常に行きつ戻りつする中で、有効な対話が生まれます。

もう一度、リーダーとしてのあなた自身の「聞く力」「伝える力」を見直してみましょう。

POINT▼「聞く力」「話す力」とは「対話する力」である

⑥ 任せて見守ることで部下は動き出す

イマドキ世代ではとりわけそうですが、リーダーがメンバーに仕事をいかに「任せられるか」が、大きな分岐点になっています。ソフトバンクの孫正義氏の「むちゃぶり」は有名ですし、前出〝経営の神様〟、松下幸之助ほど「人に任せることの天才」はいません。マネジメントとは「人を使って仕事をすること」「人に任せてナンボの世界」なのです。特にイマドキ世代には、小さな成功体験をたくさん積み重ねてもらうことが、成長を引き出す上で非常に重要です。

とはいえ、「任せる」ということには大きく2つの壁があります。

①上司が部下に仕事を任せる上でネックとなるもの

自分がやったほうが速い、自分が思ったように動いてくれない、仕上げてくれない、もとより安心して任せられる部下がいない等々、任せることそのものにネックがあります。

「自分がやったほうが速くて正確」なのは当たり前のこと、だからあなたは上司やリーダーになっているのです。上司の仕事は、業務そのものを円滑にこなすだけでなく、それと同等に「部下を育てる」「部下があなたと同じレベルの仕事ができるようにする」ことです。そう思えるかどうか、人を育てることをどれだけ自らの仕事だと考えられるかどうかで、①の壁が破れるかどうかが決まります。

②任せたと思っていても任されたと思っていない壁

これは逆に部下側の問題です。原因は任せたあなたにある場合と、しっかり中身と期限を決めて指示しても、そのように受け取れない部下にある場合とがあります。任せる仕事をしっかり組み立てて「どの部分について」「いつまでに」「どのレベルでの成果を期待して」任せるかを明確にする、と同時に、指示を伝えた際に部下の理解を確認することが重要です。

もとより「誰に」「何を」「どこまで」任せるか、ということの見極めが一番重要です。任せられる人と仕事のレベルを間違えると、アウトプットが不良で業務が滞るだけでなく任された部下としても自信を失ったり、できなかったことでモチベーションダウンになったりと問題が生じます。本章の2に挙げた「キャスティングとアサイン」の問題や、3に挙げた「認める」部分がしっかりできていることが、部下に仕事を任せる上での大前提です。

「任せ方」については、その後の「見守り」段階とセットで考える必要があります。ここは非常に重要で、「任せたと言いながら口出しをしてくる」とか、反対に「自分がフォローするから思い切りやってほしいと言われたのに、上司が自分の指示したことを忘れている」など、多くのトラブルの原因が潜んでいます。

これについてはやはり、松下幸之助のこの一節が深い示唆を表しています。

「〝好きこそものの上手なれ〟という言葉がありますが、人に仕事をまかせる場合、原則としては、こういう仕事をやりたいと思っている人にその仕事をまかせる、ということがいいのではないかと思います。

しかし、まかせてはいるけれども、たえず頭の中で気になっている。そこでときに報告を求め、問題がある場合には、適切な助言や指示をしていく。それが経営者のあるべき姿だと思います。これは言いかえますと〝**まかせてまかせず**〟ということになると思います。まかせてまかせずというのは、文字どおり〝まかせた〟のであって、決して放り出したのではないということです。」（https://konosuke-matsushita.com/ 参照）

結果や結論はどうあれ、部下に丸投げしたり、任せた後はチェックもフォローもしないのは単なる放任です。逆に必要以上に口出ししたのでは「任せた」ことにはならない。その間でどんな関係を築くかということが、任せることの本質です。

最悪なのは、「この件は君に頼む」と言いながら、指示したほうが忘れている場合です。「上司は忘れる動物、部下は絶対に忘れない動物」と言われますが、誰に何を任せているか、大きなプロジェクトでも小さな作業でも、それを銘記しておくことが大切です。そして任せている間は、上司は全身を耳と目にして常に様子を観察し、どんな状況になったらどういう手の差し伸べ方をするか、あるいは様子を見るかなど、部下の仕事を見守ります。

そこでは、部下育成の観点からは、**任せる仕事を育成のための教材と考える発想**が重要です。単に効率よく業務を成し遂げるのであれば、上司やベテランに任せればすむところを、あえて任せることで本人を伸ばす、そのための教育材料であると捉えるのです。仕事＝部下育成のための教材、という発想があるかないかで、「任せる」ということの意味や成果は大きく違ってきます。

もとより、人手が減って仕事が減らない状況では、自分の仕事ができる部下や仲間をどれだけ作れるかが「働き方改革」上も一大テーマです。自分の分身を作るうえでも「任せる技術」に長けていくことが大切です

━POINT━▼任せることで部下を伸ばすという発想が必要

7 的確なフィードバックが部下の仕事のレベルを高める

個人ワークの最終段階は、結果を聞いてフィードバックする段階です。当然ですが、仕事や作業は結果が出てなんぼの世界、プロセスを捉えて、これに深い理解と共感を示すと同時に、出てきた結果に対して適切に対処することで、人が動くＰＤＣＡサイクルは完結します。

(1) フィードバックの原則

第一に重要なのは、仕事を頼んだこと、指示したことを忘れずに必ず結果を聞くことです。上司が気になっていることや上から言われたことはチェックするが、自分自身で任せたことは忘れていたり、任せていながら「そこまでは頼んでいない」「誰がそこまでやっていいと言ったんだ」となっては最悪。こうした「はしごを外す」ことは、部下のモチベーションを一気に急降下させます。イマドキ世代であればなおのこと、今後は、あなたに頼まれた仕事は「その程度でいいんだ」となって、仕事の精度もモチベーションもガタ落ちです。上司は部下に指示したことに責任を持たなければなりません。

もし途中で状況が変わって、頼む範囲や内容に変更が生じたら、直ちにコミュニケーションをとりましょう。また、もし部下があなたの想定した範囲を超えたことまでやってきたら、「よくそこまでやってくれた」と言いましょう。もしそれが言えないとすれば、指示した後のフォロー(見守り段階)に問題があったと考えましょう。何よりも結果に対して「そんなこと頼んでたっけ?」となることだけでは避けるべきです（あり得ないことのようで、実際はけっこうあります)。

二番目に重要なのは、当初の目標やゴールに対して到達度はどうだったのか、評価とともにフィードバックすることです。

よく、部下が上司に仕事の結果の資料を持っていくと「それはいいがあの件はどうなってる?」「これができたら次のステップを想定して着手するのが当たり前だろう」と言った形で、急にゴールのバーを上げる方がいます。その職場の風土や上司部下の関係で「当然そこまでやるべきだろう」ということが了解されていれば別ですが、いきなりバーを上げられた部下は正に「手のひら返し」に合った気持ちになります。ある案に対してAという方向性を指示されて、細かく詰めて持っていったら今度はBという方向性を前提にチェックされる、その理由は、その上司の上役がBという方向性を示唆していたから……

こうしたことは、マネジメント上絶対に避けなければなりません。

「空気を読む」はイマドキ世代に限らず日本の社会と組織の常道……とは言え、それが通じない時代であること、さらにそれでは正しい結論に至らない時代であることを深く心に刻んで、結果からフィードバックを行うことが不可欠です。

(2) 褒め方、叱り方

「褒め達検定」というものがあります。褒め方の達人をめざして、どうすれば上手に人を褒めることができるかが、検定試験にまでなっています。

「褒めて育てる」教育に慣れている「イマドキ世代」に限らず、褒めることでモチベーションは上がり、人間関係もよくなることはよく経験します。他方で「褒め殺し」ということばがあるぐらい、褒めることで逆効果もあります。上手に褒めるためには、正しい評価と相手のポテンシャルや性格を見極めなければなりません。とりわけフィードバックの場面では「正しく褒める」ことが必要です。

褒めることの効果は上司・部下の関係にとどまりません。たとえばスターバックスには

「ＧＡＢカード」というものがあります。ＧＡＢとは〝グリーンエプロンブック〟の略で、スターバックスのスタッフは誰でも、このカードを使って仕事の仲間にメッセージを送ります。

カードは5種類あって、そこにはスターバックスのパートナー（スタッフ）がとるべき5つの行動の指針（①歓迎する②心を込めて③豊富な知識を蓄える④思いやりを持つ⑤参加する）が一つずつ書かれています。そして、「あなたに助けてもらってありがとう」「今のあなたの接客はとてもよかった」と言ったことを、対応するカードの裏に手書きで書いて、そのパートナーに手渡すことで気持ちを伝えるのです。

直接言うのも恥ずかしい、ましてメールでは伝わらない、という微妙な心理を汲んだこの仕組みは、いつでも、さりげなくチームメンバーに感謝の気持ちを伝えることで、スターバックス独自の「褒め合う」文化を作り、それがスタッフのモチベーションを高める上で大きな効果を発揮しています。

逆に、頼んだ仕事の結果が、自分の想定と大きく異なるレベルや出来栄えの場合、また仕事でミスをしていながら本人が自覚していない場合などは、正しく「叱る」ことも必要です。この「叱る」ということについてはマネジメント上様々な問題があり、叱る側がそう思っていなくてもパワハラになる可能性もあります。しかし、論理的にどんなに説明しても理解しない、また本人の自覚が足りない時には正しく「叱る」ことが必要です。

　自分の感情に任せて「怒る」のではなく、相手の育成のために「叱る」……これはよく言われることですが、やはりできればこうした場面は避けたいものです。イマドキ世代は「叱られること」に慣れておらず、思わず放った一言で翌日から来なくなることもあります。

　仕事やビジネスの場面においての叱り方の要諦は、あくまでも論理的に、なぜできなかったのか、なぜそんなミスが起きてしまったのか、といったことを当事者本人に考えてもらう、そして自分はどうすべきなのかを、自分で結論を出してもらうことが必要です。目的はあくまでも本人の自覚と成長を促すことにあり、どんなに「叱った」と思っていても、「怒られた」という感覚だけが残っては逆効果です。

　前記のスターバックスでは、スタッフが何かミスをした時には先輩スタッフがこう問いかけます。

「あの時、お客様はどんな気持ちだったと思う？」

「周りのスタッフは、どんな感じだったかな？」

「そしてあなた自身は、どう思った？　どうすればいいと思う？」

　それは、「何でそんなミスをしたんだ！」という無意味な責めたてをするものではなく、起きてしまったことについて一緒に考えよう、そして良い方向を見出していこう、という思考回路なのです。そこには、スタッフ自身が自分の問題として捉え、答えを出していくというスタンスです。

どうすれば本人自らが自覚をし、自分の問題として考え直せるのか、そのためのサポートを上司や先輩が一緒に行う、というスタンス、叱られているほうにも伝わることが必要です。

それでもどうしても叱らなければならない時は、阿川佐和子氏がこんな合言葉を示していますので参考にしてください（『叱られる力』文春新書88頁より）。

・か……感情的にならない
・り……理由を話す
・て……手短に
・き……キャラクター（人格や性格）に触れない
・た……他人と比べない
・ね……根に持たない
・こ……個別に叱る

POINT▼ミスを叱るのではなく、なぜ起こったのかを考えさせるスタンスで

8 期待するレベルまで部下を引き上げるにはどうしたらいいのか

本章1で解説した、〝人が動くＰＤＣＡサイクル〟も一周しました。このサイクル、「まいまいず井戸」とも「らせん階段」とも言えるこのサイクルを、何周回すことができるかが重要です。

レベルや成果の出来栄えはともかく、結果に対して次のステージ、次の仕事を指示することで2回目、3回目とこのサイクルを回していく。その繰り返しによって本当に「動く人材」「言葉の通じる人」が育ちます。

マネージャー、リーダー、上司……呼び方は様々ですが、およそ「人を使って成果を上げる」立場にある方は、このサイクルを丁寧に、何回も回していくスタンスで、部下やメンバーと関わってください。「人を育てること」が業務遂行そのものと並んで重要な仕事であると考え、実践することで、チームのパフォーマンスは継続的に高まります。

―ＰＯＩＮＴ―▼人を動かすＰＤＣＡは回せば回すほど仕事の精度が高まる

9 仕事を指示する時のコミュニケーションツール

「ちゃんと指示したのに動かない」「期待したレベルまでやりきらない」「そもそも言葉が通じない」……部下を持つ上司やリーダーの多くは、こうした不満を持っています。

どうすれば、あなたの期待したレベルのアウトプットが出せるように、部下は動くのでしょうか？

そもそも、指示したあなた自身は、アウトプットを具体的にイメージできていますか？そしてそのイメージを部下は理解できているでしょうか？

そこで、仕事を指示する時のコミュニケーションツールとして、図のような方法をご提案します。

①分類する…………現状の課題や反省、様々な不具合の原因分析などには必須の手法です
②位置づける………様々な要素を、縦軸と横軸、時間的な流れの中で位置づけます
③フロー化する……縦に様々な要素（ファクター）や人・部署など、横に時間軸をとって、

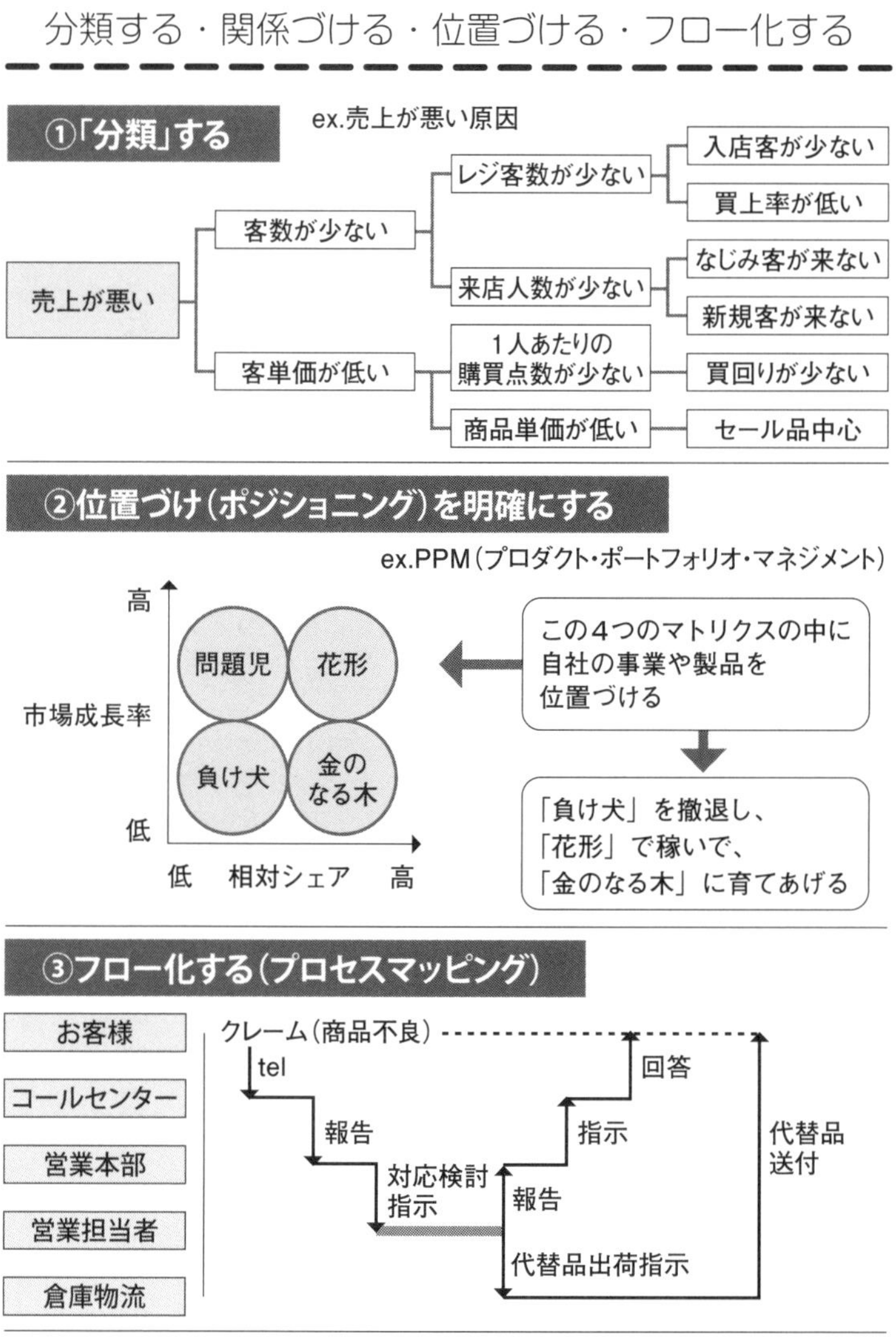
分類する・関係づける・位置づける・フロー化する
①「分類」する
ex.売上が悪い原因
売上が悪い
客数が少ない
レジ客数が少ない
入店客が少ない
買上率が低い
来店人数が少ない
なじみ客が来ない
新規客が来ない
客単価が低い
1人あたりの
購買点数が少ない
買回りが少ない
商品単価が低い
セール品中心
②位置づけ（ポジショニング）を明確にする
ex.PPM（プロダクト・ポートフォリオ・マネジメント）
高
市場成長率
低
問題児
花形
負け犬
金の
なる木
低　相対シェア　高
この4つのマトリクスの中に
自社の事業や製品を
位置づける
「負け犬」を撤退し、
「花形」で稼いで、
「金のなる木」に育てあげる
③フロー化する（プロセスマッピング）
お客様
コールセンター
営業本部
営業担当者
倉庫物流
クレーム（商品不良）
tel
報告
対応検討
指示
報告
代替品出荷指示
指示
回答
代替品
送付

どこにどういう問題があるかを明確にするとともに、どうすれば仕事の流れが最適化をするかを検討します。

ルーティンワークは別として、多少とも複雑な、調査検討や企画の要素がある仕事を頼む時は、大きな紙にこれらを示して、部下と一緒に全体の組み立てを行います。その中で、頼む仕事のゴールやイメージが共有されるのです。また不定型な報告書を頼む時は、書いてほしい項目について明確にしたうえで指示を出します。

POINT ▼部下への指示の出し方でミスが少なくなる

第5章

イマドキの部下の仲間意識を活用してホントのチームを作ろう

1 仕事ができる人を集めるのがチームリーダーの仕事

前章では、個人に対する一対一での仕事の場面を想定しましたが、実際の仕事は一対多、つまりチームで行われるのが普通です。チームでの仕事の仕方（チームビルディング）については、スポーツのチームづくりになぞらえて、サッカーや野球、マラソンから冬季オリンピックのカーリングに至るまで、既に多くのことが語られています。

本章では、どうすれば「イマドキ世代」を含めた現代の組織で、動くチーム、そして稼ぐチームができるのかを見ていきます。

①キャスティングとオファー

誰をチームのメンバーにするか、誰をプロジェクトメンバーにオファーできるか（泥臭く言えば、誰を人事異動でもって来れるかどうか）で、チームの成果のほとんどが決まります。人事では、デキる人は取り合いになり、仕事ではデキる人にプロジェクトが集中するのが常です。しかし、人的資源には限りがあります。社内外を問わず仕事と人のマッチングは永遠のテーマではありますが、デキる人材を集めることと並んで、それ以上に「与えられた人たち」の力をどれだけ引き出せるかが、リーダーの仕事です。

ただし、どんな場合でも、チームのナンバー2にあたる人、自分の代行または後継者として育成すべき人（いわば番頭格）については、これはと思う人をチームに加えたいものです。最適なキャスティングを行うためには、部下や後輩世代に対する日頃からの観察と、仕事上での関係をもって、「任せたい人は誰か」を探っていなければなりません。

プロジェクトの結果が出なかった理由として「デキる人が集められなかった」ということだけは、リーダーの意地として口にすべきではないでしょう。

②関係づくり

後述のファシリテーションでは、ワークショップのはじめに「アイスブレイク」というものを行います。単なる自己紹介ではなく、２人ペアになって、相手にインタビューし合ってそれをみんなの前で発表する「**他己紹介**」、大きなサイコロやカードに書かれたテーマに沿って次々思うことを言ったり、「最近うれしかったこと」「最近気分がアガったこと」を全員で1個ずつ言い合う朝礼など、初対面同士が知り合い、話のきっかけを作る様々なセッションによって、メンバーの距離を縮め、本題に入りやすくなります。

プロジェクトでは、初期の段階でできれば「1泊合宿」を行うことが有効です。日常のオフィスや現場を離れて、環境のよいところで全員が可能な範囲で各自のプロフィールや思いを伝え合う、いわば「自己開示」を行うことで、その後のプロジェクトの進捗は大いに違ってきます。その時には、次に挙げるチームのビジョンや目的についても共有するのです。

③全体像とゴール＝ビジョンと目標の共有

「働き方改革」とＩＴ情報技術とがパラレルで進む今日では、必ずしもオフィスで毎日顔を合わせていなくても仕事はできます。特にプロジェクトチームでは、メンバーがそれぞれの持ち味とパワーを発揮しさえしてくれれば、働く日時や場所はできる限り自由にしたほうが、アイデアも出るし生産性は高まります。

しかし絶対に必要なのは、自分たちのチームが、全体の中でどこにどういう位置づけで存在しており、どんな役割を担っていて、どういう方向に向かっているのかについてメンバーが共有していることです。

いわゆる「ビジョンの共有」ですが、これについてはリーダーや上司による「会社や組織からのオーダーや期待」の話だけでは不十分です。それを具体化して自分たちのチームの血肉にしていくプロセス＝自分事（じぶんごと）化が必要なのです。

それには、後で説明するファシリテーションの技法を用います。

大きな紙やホワイトボードに、社内・外の動向や、プロジェクト内・外の様々な要素をポストイットに書いて貼り、それに各自の思いや意見、得意分野ややるべきと思うことを合わせて貼りながら、まとめていきます。全体を俯瞰しつつ各自の考えを整理することで位置づけが明確になるとともに、「チームのゴール」をみんなで決め、全員がコミットできる状況にするのです。

④仕事の単位化と分担

ここまでのプロセスやメンバー各自との面談を通じて、リーダーはチームのミッションを仕事化して、これを各自に割り当てていきます。この方法は千差万別、ミッションの種類や難易度によってまったく異なりますが、いかに各自の持ち味を生かしつつ、かつ弱点をフォローし合える形でチームの仕事を組み立てられるかがポイントです。

一般に組織の中では「自分は○○の担当だ」「自分の役割は○○だ」となると、なかなかそれ以外のことはやらない、という風土があります。組織とチームの違いがあるとすれば、組織上の役割とは（まさに役を割るがごとく）各自が割り当てられた仕事を、各人が持つ力の一部を切り売りする形で行われるのに対して、チームとはメンバー各自が全人的に自らのポテンシャルを出し、自分を生かし切るとともに、他のメンバーを効果的にフォローし合える関係を築くことにあると言えます。

チームとは単に「仲が良い」ことではなく、組織から「チーム」へと、仕事のやり方そのものを通じて転換することなのです。

⑤プロセスマネジメント（任せる&見守る）

チームでの仕事こそ、「任せる」ことと「見守る」ことが重要です。チーム化の度合いやレベルによって様々ですが、次の2点に留意します。

◎最初と最後を押さえる

リーダーはプロジェクトの初めと終わりを明確にすることが必要です。

日産では、ゴーン社長による経営改革（リバイバル・プラン）の一環として「会議のやり方」を大幅に変えました。それは、所属も専門も異なる社内横断型のプロジェクトミーティングを、ファシリテーションの方法を使いながらスムーズにこなすことで、様々な課題に部門間が協力して素早く対応する体質を作ることでした。

そこでは、会議の主宰者は冒頭にプロジェクトの趣旨・目的やゴールを明確に指示し、会議の間は席を外します。そして、会議の一番最後に結果報告を受けるために会議室に再び現れます。つまり議論や検討の中身は、参加者メンバーに任せるという姿勢を貫いています。

チームに仕事を「任せる」ためには、最初と最後を押さえることが重要です。

◎モニタリングパースンを決める

リーダーはメンバーに「任せる」とともに「見守る」必要があります。そこで、長期にわたって議論や検討を行う場合には、核となるメンバーを決めてプロジェクトに参加させ、その人を通じて議論の進捗と方向を導いていくことが必要です。

それは、最近はやりの「忖度」ではありません。忖度とは、リーダーが何も言わないのに部下やメンバーたちがリーダーの考えを勝手に慮《おもんぱか》って結論を出していくのに対し、ここでの核となるメンバーはリーダーにとっての「モニタリング」の役割を果たします。

ある会社のプロジェクトチームのリーダーは、キックオフ時の最初のミーティング以外一度もミーティングに出席しなくても、ミーティングの流れや各メンバーの意見を把握しています。そして、適切なタイミングで適切なメンバーに作用することで、会議ではメンバーに思いのたけを発言してもらいながら、最終的にはフィット感のある結論に導きます。その技は、「なんでリーダーは会議に出ていないのにその中身を知っているの？」と思えるようなふるまいで、自分自身は参加せずとも自然な流れでプロジェクトを着地していくのです。

そこには、組織によくありがちな「自分は聞いてない」「どうしてそういう結果になったのか？」「そこまでのことは指示していない！」といった言葉とは正反対の世界＝メンバーの動きや発言を予測し、洞察しつくした理想的なリーダーの姿があります。

⑥結果の共有とフィードバック

プロジェクトの結論に対しては、的確なフィードバックと評価を行います。⑤のプロセスマネジメントのやり方によって異なりますが、出た結論や結果に対する評価を明確に行うことで、次のステップにつなげます。そして、前章での「一対一」の場合と同様「まいまいず井戸」や「らせん階段」のように①～⑤のプロセスを何度も回す中で、レスポンスよく、かつ完成度の高いチームづくりを行っていきます。

POINT ▼チームのマネジメントも、「まいまいず井戸」を何度も繰り返そう

2 どんどんアイデアが出るチームを作るリーダーのスキル

「このオフィスは、誰かとシェアしたり話し合ったりする必要があるまで、出勤しなくていい、むしろ出勤してはいけない場所なのです」

〝これからのワークスタイルを提案する〟と銘打ったある展示会では、ある人材関連企業から**未来のオフィスの形**として、こんな提案が行われています。

ナチュラルトーンのインテリアとテーブルやイス、外光の差し込む部屋、オフィスの片側は縁側風のベンチシートになっていて、疲れたら後ろに寝ころべるスペースもある。部屋の一角にはプレゼンテーションボードが常設され、もちろんＩＴデバイスはそこここに配置されている……いわば居心地の良いスターバックスの店内を明るくしたようなスペースを、「未来のオフィス」として提案しているのです。

想定では、ここに所属するメンバー（社員）は、全員ＩＴで常時接続されていて、普段は自宅でも外でも、各自が作業しやすい場所で企画や資料作成、商談などを行い、チームやリーダーとの共有や議論も、普段はメールやチャットなど様々なアプリを通じて行っています。メンバーの顔を見たければスカイプでつながれるし、タイムライン型のコミュニケーションアプリもあるので、ほとんどの「報連相」はＩＴ技術を通じて話が済むのです。そして、どうしてもチームみんなが集まって議論したり共有する必要がある場合だけ、オフィスに集まる、そのための「場」としてオフィスが提案されています。

場所は仕事のあらわれ、オフィスは「働き方」の写し鏡です。デジタルテクノロジーがどこまで人の働き方を変えるかは未知数ですが、確実なのは、ＩＴデジタルの進化によって「本当にやらなければならないことは何か」「会社に出勤してまで行わなければならないことは何なのか」ということが問われる点です。

それは単に「会社に行かなくなって楽だ」「サボってもわからない」というのとは違います。むしろ、メンバー個人がそれぞれ自立して自分の仕事を組み立て、疑問や質問をまとめて適切にメンバーやリーダーに伝えなければ、うまく仕事が進まないのです。オフィスで、いつも隣にいるメンバーに聞きながらやれば仕事をした気になっている、といった従来の働き方の正反対の世界がここにあります。

これからの「チームを動かすリーダー」は、単にＡＩによって「仕事が奪われる」というネガティブな側面だけでなく、ではその時に人とチームの動きはどうなるのか、何を仕事の本質と捉えるか、という視点が絶対に必要です。

このような「〝未来〟のチーム」を率いていくうえで不可欠な手法が「ファシリテーション」です。これからは「ファシリテーション」を知らないリーダーは相手にされません。

ファシリテーションとはfacilitate（＝促進する、助長する、事を容易にする、楽にする）という英語の名詞形です。１９６０年代のアメリカで生まれたもので、様々な社会問題について参加メンバーの思いを引き出し、課題を浮き彫りにして解決の方向を探る「話し合いの手法」として発達してきました。そしてそれは単に課題解決のためだけでなく、メンバー各自の気づきと認識の醸成や成長を含めて、課題と解決についてメンバー（＝構成員）一人ひとりが納得するための場として、ビジネスの場面にも応用されてきました。今では、ビジネスだけでなく「まちづくり」や「学校教育」の現場でも活用されています。

特にイマドキ世代は、学校で単に先生の言うことを素直に聞いて理解し覚える、といった一方通行ではなく、教室でグループに分かれて各自がワークをし、ファシリテーターとしての先生がまとめる形の授業形態に慣れています。そこでは先生が「唯一の正解」を決めつけるのではなく、生徒一人ひとりの考えや思いを大切にする形での授業展開を行っていくのです。

会議一つとっても、「やり方」を徹底的に考え、実践することによってメンバーの力を最大限引き出すための「場づくり」、それがファシリテーションです。

アイスブレイクによる「場づくり」→課題とテーマの共有→ゴールまでのプロセスの共有→グループごとの拡散→混沌→収束を経て、参加者全員での共有……そして実務への反映というファシリテーションのプロセスは、そのまま幅広くビジネスの実務で活用できます。

これからのチームを動かすリーダーは、メンバーの意識や思い、課題認識や企画アイデアなどを十分に引き出すことで、**チームの仕事自体をワークショップ化すること**が求められます。チームを動かすこれからのリーダーとは、ファシリテーションを導ける人＝ファシリテーターになることが必要です。

POINT ▼これからのリーダーは部下の意見を引き出す人になりなさい

ファシリテーションによるミーティング・ワークショップの進め方

チェックイン

①全体設計：いつ、何について、誰が集まって、何をテーマに、どこまで話し合って、どんな結論を出すか……について設計します。
②アイスブレイク
参加者相互で知り合うことを助長します。初対面の場合はアイスブレイクの手法をもちいて相互理解を深め、場を温めます。

↓

テーマとゴールの設定

会議で何を話し合うかとともに、会議の前後で何が変わっているか、参加者には何を持ち帰ってもらうか、という視点からゴールを設定します。テーマは「サービス改革」のような漠然としたものではなく、「クレーム件数の半減と対応時間を短縮するためにはどうすべきか」といった具体的なものにします。

↓

拡　散

グループに分かれて意見を出し合いながら、とにかく思いつくことやアイデアを各自が書き出してポストイットで貼っていきます。それをまたみんなで眺めて見て、追加していく。場合によって他のグループのテーブルを回ったり、フィールドワークやイメージコラージュ（絵や写真の切り貼り）をつくって、イメージを伝えることも必要です。

↓

混　沌

似たような意見やアイデアをくくったら、すぐにまとめに入るのではなく、言い残しはないか、対立点は何かなどを明らかにします。アイデアや意見の背景にある思いや考え方まで、お互いに「聴く」ことが重要です。

↓

収　束

様々な手法で、図を使いながら出た意見を整理し、位置づけ、全体フローを作っていきます。多くのアイデアの中からいくつかを選ぶ時は、たとえばメンバー全員が「１人３票」シールを貼って、賛成意見を絞り込むなど、様々な手法を使います。力のある誰かの意見に引っ張られるのではなく、参加者全員で決めたという感覚が大事です。

↓

共　有

「合意形成とは納得した妥協である」と言われます。この場合の妥協とは「角の取れた平凡な意見」になることではなく、参加者全員の力で方向性を出すとともに、各自が少しづつ妥協しながらも一つの結論に至ったことが重要です。それを共有することで、実行への全員の原動力が生まれます。

↓

チェックアウト

今日のミーティングやワークショップで何を得たか、何を記憶に残し、実務にどう生かしていくかを、全員が一人ひとり宣言します。
ワークショップやファシリテーションの場を普段の仕事と離れた「別世界」にすることなく、柔軟に発想、実践できる仲間を増やしていくことが重要です。

↓

実務へつなげる

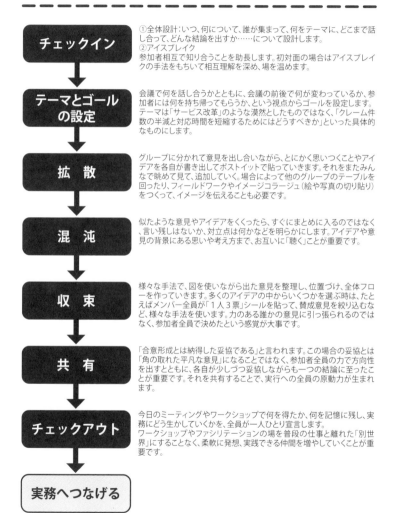

❸「その仕事は自分にどういう意味があるか」を強く意識するイマドキの部下への接し方

先の「イマドキ世代」の特性の中で、ライバル同士がお互いに褒め合ったり称え合っている例を挙げました。

「ライバル同士が褒め合っていてどうするんだよ」という上司の言葉と、イマドキ世代の世界観とのズレは、非常に象徴的です。

これからのチーム、特にイマドキ世代を含むチームを率いていくリーダーは、むしろこの世代の仲間意識をおおいに活用していくことが有効です。

①「会社として〜」「うちの部として〜」ではなく「私たちは〜」を主語にする

イマドキ世代は、仕事について自分の問題とのつながりを強く意識します。「自分ゴト化」という言葉があるぐらいで、その作業や仕事をすることが自分にとってどういう意味があるのか、そしてそれが会社やチーム全体とどうつながっているのかが、モチベーションを作る上で重要です。

そこで、何か仕事を指示したりビジョンを示す時、「WE」を主語とします。「会社として」、とか「ウチの部は」とかではなく、

- **私たち**はどうしたいのか
- **私たち**はどこへ向かっているのか

だから自分はその中で何をどう貢献するのか、という順序で理解してもらうことが重要なのです。

②メンバー各自が、自分自身を公開できる機会を設ける

メンバー一人ひとりが自分を語り、自らを「情報公開」できる場面を設けます。ネットやメールが行きわたる中で、隣の席の人にもメールで伝えることがある時代です。イマドキ世代の中には、直接会って話すよりもメールのほうが確実に伝わる、と思っている節もあります。

しかし、それは自らのことを直接語りたくないというのとは正反対で、何かのきっかけで水を向けると、延々と自分の考えや興味を話し始める場合があります。

つまり、ダイレクトなコミュニケーションが減る分、実は、「人に自分のことを語りたい」、「人に自分を知ってもらいたい」という気持ちがひときわ高いのもイマドキ世代の特

徴なのです。
初対面の時の自己紹介に限らず、朝礼や定例ミーティングでの「今日の気づき」など、メンバーが「自分を語る」機会を積極的に設定し、仲間意識を意識的に高める機会を設けましょう。

POINT ▼メンバーの接触頻度を高める状況をルーティンで作ろう

4 これからは「上から引っ張る」のではなく、「下から支える」リーダーをめざそう

テレビのドキュメンタリー番組で、上司と部下が入れ替わるという取り組みをした、ある企業の紹介をしていました。ミレニアル世代の若い女性社員が、40日間だけ「支店長」になって売上キャンペーンを取り仕切る、という設定です。

趣旨目的、目標売上、企画、アイデアから社内外の交渉、先輩社員への具体的な指示をはじめ会場設営や運営など、イベントキャンペーン全般のマネジメントも行います。それを通じて「支店長の仕事」を実体験させようというのです。

最初は、若い視点で数々のアイデアを出してチームを引っ張っていくものの、予算や社内規制などの制約や、先輩社員の動かし方にも問題が見えてきますが、それでもそこそこの成果を上げてミッションを達成します。そして、単に「売上を上げればいい」だけではなく、チーム全体をどういう状態にすべきか、どうやって率いていくか、というとても大切なことを実体験から学び取ります。

かつて高度成長と言われた時代には、作れば売れる、という今では信じられない状況が

ありました。その当時は、強いリーダーのもとで一糸乱れぬ統率をとることで生産性を高め、売上・利益を高めることができたのです。また、インターネットもスマホもない時代、様々な情報は組織の上位階層に握られ、上司と部下には大きな「情報格差」がありました。当時の上司と言われる人は、部下とは圧倒的に違う情報量を持って、仕事の指示を行い、マネジメントできたのです。

時は流れ、経済は成熟し、モノはあふれ、ついに情報まであふれかえる時代となりました。人々の求めるものは多様化を極め、刻一刻と変化します。そんな中「俺についてこい」というだけでは誰もついてきません。「あなたについて行って本当に大丈夫ですか?」と、口には出さずとも部下やメンバーは思っています。そして多くの情報が、上司も部下も関係なく、あらゆる人々に平等に行きわたるようになりました。むしろ、デジタルに通じた若い世代のほうが、リテラシーも高く、多くの有益な情報にアクセスできるようになったのです。

そこで必要となるのが、組織における「水平的分業」という考え方です。社長や部長は、組織の上位にいるから偉いのではなく、経営やマネジメントという仕事を「役割」として行っている、ただそれだけの存在だという発想です。

もちろん社長や部長は多くの権限や責任を負っています。組織が組織として機能する上では当然そうですが、あくまでもそれは「役割」としてやっているだけのことで、社長や部長など組織の上にいる人の考えが正しいということではない、ということです。

旧世代にはなかなか実感できないかもしれませんが、これからの「チームを動かすリーダー」はこうした発想が必要です。そして「上から引っ張る」のではなく「下から支える」リーダーにならなければなりません。

水平的分業を実感する方法として、チーム内の立場や役割を変えてみることが有効です。先に挙げた「上司と部下が入れ替わる」ように、リーダーやマネジメントの仕事を体験してもらうために、「一日部長」「一日課長」「一日リーダー」といった形で持ち回りでみんなにリーダーを経験してもらいます。

たとえば、プロジェクトリーダーのアシスタントとして、新人メンバーが一定期間行動を共にする、それを新人以外も含めた全部のメンバーが順繰りに行います。そうすると、「これまでリーダーの言うことがわからなかったが、こういうことだったのか」「リーダーってこんなに大変なんだ」ということを全員が共有できます。また、営業と経理、マーケティングと生産管理など、まったく異なる部署からのメンバー同士でペアを組んで行動を共にするのも効果的です。

リーダーの立場になったからといって、必ずしも正しいことだけを言えるわけではないこと、一人ひとり違う人間を率いていくことの難しさ、さらに、この先の見えない多様化きわまる時代には、みんながそれぞれ思うことや考えを出し合いながらやることでこそ、チームの未来が見えてくることがわかってきます。そしてそのことがわかったメンバーから、仕事への取り組みやチームでの動き方について飛躍的に伸びていきます。

イマドキ世代を含むリーダーの役割とは、演劇にたとえれば演出家や舞台監督であって、自らは役者ではありません。リーダーは主役であると勘違いする前に、どうしたらメンバーひとり一人のパワーを出し、それをチーム全体の成果につなげることができるのか、そのことだけを考えて実践するのが、これからのリーダーの「役割」なのです。

POINT ▼一度、上司と部下を入れ替えてみて、何が起きるか見てみよう

第6章

これからの時代の「チーム」と「リーダー」の役割

1 今をときめく「メルカリ」社長に見る、イマドキのリーダーシップとは

メルカリと言えば、フリーマーケットアプリの最大手、フリーマーケットの世界でアプリ開発を行った企業として今では誰もが知る存在です。品質や取引に関して課題の多いフリマアプリの世界で、一定水準のクオリティと安全性を保ち、2013年の創業から現在までで、日米英の3か国で1億ダウンロード、商品流通総額月100億円という巨大な市場を作りあげました。メルカリで取引される商品は実に多岐に渡りますが、高級ブランドから日常品まで、正に巨大な流通チャネル・プラットフォームになっています。

メルカリの社内には「社長のイス」はありません。同社の2代目の社長、小泉文明氏は、仕切りのないオフィスの中の一般社員と同じデスクの一角に座り、積極的にオフィス内を歩き回って声をかけます。「最近どう」「こないだの仕事、いい出来だったね」。

小泉氏のフランクな声掛けや敷居の低さによって、そして社内の仕組みや様々な課題をいち早くキャッチして対応することができ、同社の革新の原動力となっているのです。

メルカリでは、社内情報のほとんどを開示しており、社長と一般従業員の間に情報の格

差はありません。むしろそうすることで、従業員が会社の問題を当事者意識を持って捉え、社員一人ひとりが前向きに取り組んでいくサイクルを作っています。そして小泉氏自身がオープンな存在になることで、企業としての危機管理やクリエイションを引き出しているのです。その姿はまさにこれからの時代の「チーム」と言えます（「ＡＥＲＡ」２０１８年5月21日号参照）。

メルカリに限らず、今、時代の最も先を行く企業のトップには、人を率いていくうえで共通の形があります。ＩＴツールを基盤にメンバーの動向を把握したうえで（メルカリでも、小泉氏は社内の各担当が取り交わすチャット上の会話を常に注視しています）、リアルの場面では決して力を入れることなく、飄々と立ち回りながらポイントを確実に押さえている、そこには、新たな時代の「人とチームの動かし方」があります。

本書の最後に、これからの組織とリーダー像について考えます。

―ＰＯＩＮＴ―▼ＩＴ時代に必要なのはスピーディーでポイントを押さえた「人とチーム」の動かし方

② 仲間が黙ってついてくる「信頼されるゴリラ型リーダー」が注目されている

「ゴリラの世界は並列社会なんです。……（中略）……彼らは、力を誇示することで君臨するサル社会のボスと違って、メンバーの信任の上に立つリーダーです。メスからは自分の子供を預ける対象として、子どもたちからも自分を守ってくれる保護者として信頼されなければならない。二重の信任を得てはじめてリーダーとして認められるのです」（日経新聞２０１８年６月14日付夕刊より）

京都大学の総長で「ゴリラの生態研究」を行っている山極寿一氏はこう語ります。

ニホンザルの世界は、ボスを頂点とする明確なヒエラルキー社会で、序列に応じたパワーを常に発揮していないと自分の地位が保てない序列型の世界。だから自分の権威をおかすようなオスが現れれば罰を与えます。一般企業でも、組織のトップが、ナンバー２を育てるどころか次々とナンバー２をつぶしてしまうタイプのトップがいますが、正にニホンザル社会と同じ原理です。

これに対してゴリラの世界はリーダーへの信任で成り立っています。リーダーとは自分で力を示すのではなく、下から支えられ、信任されて初めてリーダーになれる、だからやみくもに自分の力を示すのではなく、力を持っていればいるほど「能ある鷹は爪を隠す」でそれを行使しない。だからこそいざという時に頼りになる存在として、メンバーから信任されるのです。ボスとリーダーの違いがここにあります（http://net.keizaikai.co.jp/archives/26335 参照）。

ゴリラのリーダーに求められるのは、

①「勝つ」のではなく「負けない」ことで、孤独にならずに相手を対等の存在と見ること、

②仲間をえこひいきせずに「常に公平である」こと、

そして、

③「背中で語る」こと、

です。特に③は、リーダーが後ろを振り返って見ることは自信のなさの表れとなり、振り返らずともみんながついてくることはわかっている、という態度こそがゴリラ社会のリーダーにとっては不可欠です。また「敵を作らず、味方を作らず」という形で孤独に耐えることが、リーダーにとって重要であることが示されています。

山極氏は、最近の人間社会は「ニホンザル」化してしまい、ゴリラのように対等に認め合う共感力や、同情する能力を失いかけていることを憂いていますが、ニホンザルのボス

とは異なるゴリラのリーダーのあり方は、企業や組織でのチームづくりに多くの示唆を与えてくれます。そして、メルカリの小泉社長はじめ、イマドキ世代をメンバーとして多く率いているリーダーは、おおむねゴリラ型のやり方でチームビルディングを行い、成果を上げていることがわかります。

人類の進化の中で、人間の社会はゴリラ型にもなれたはずなのに、どうしてこれまでニホンザル型でやってきたのか、そこには成長経済のもとで一糸乱れぬ統制こそが、生産性と利益、そして社会の発展に寄与するんだという前提がありました。その前提が大きく崩れた今、人はゴリラ型の社会やチーム、そしてリーダーシップをめざさなければなりません。それはメンバー一人ひとりが人間として成熟していく今の世界の、新しい常識になるのです。

POINT ▼恐れられるボスではなく、信頼されるリーダーが人を動かす

3 「ティール（進化型）組織」という究極の「自立型」組織とは何か

人と組織のあり方については、古くから多くのことが語られ、学説になってきました。たとえば19世紀の社会学者、マックス・ウェーバーは、人が人を支配する原理として次の3つに類型化しました。

①合法的支配……定められた法や規則に従った支配で、典型は「官僚制組織」。たとえば役所で「どうしてそれができないんですか？」と聞くと、職員が「規則でそう決まっているからです！」と答えるように、あらかじめ定められたルールに従って行う支配です。

②伝統的支配……歴史や過去のやり方に従って行う支配。「これまでいつもそうやってきたから」というのが理由です。〝永遠の過去に従う〟とも言えます。

③カリスマ的支配……達人的・超越的な力を持った個人による、非日常的な力による支配。宗教の世界がイメージされますが、今では「カリスマ店員」「カリスマ外科医」など、様々な場面で使われます。

これらは社会学では「理念型」と呼ばれ、現実の社会ではこれらの支配類型がミックスされて現れますが、どの要素が強いかによってその組織の特性が決まります。同じ大企業の部や課でも、リーダーやメンバーの特質、果たすべき期待役割、企業や組織の風土によって変わってくるのです。組織についての考え方はそれこそ学者の数だけある、と言われるほど多くの組織原理の考え方がありますが、この3つはそれらの大元になっています。

最近、組織マネジメントの世界で、新たな考え方が打ち出されました。大手コンサルタントのマッキンゼーで数々の組織改革に携わり、コーチやファシリテーターとして世界中の企業を研究したフレデリック・ラルー氏による『ティール組織』です（鈴木立哉訳、英治出版）。ラルー氏によれば、組織は以下の5つに類型化されます（それぞれの名称は色にたとえられており、ティールとは青緑色を意味します）。

①レッド（衝動型）組織……ｅｘオオカミの群れ

特定個人の「力による支配」。組織のトップは、高圧的な態度で自分以外の者の優位性を取り除く、前出のニホンザルのボスのような組織です。自分の地位を守るため、短期的な短絡思考に陥りがちです。

②アンバー（順応型）組織……ｅｘ軍隊

上意下達の厳格な階級的ヒエラルキーによって、明確な指揮命令系統のもとに動く組織です。官僚制や軍隊など、明確な統率が必要な組織として発達しましたが、組織の外部に対する強い敵対意識を持ち、変化対応に弱いのが特徴です。

③オレンジ（達成型）組織……ｅｘ機械

ピラミッド型のヒエラルキーは存在しますが、能力があり成果を上げた従業員は評価され、出世することができます。変化対応もイノベーションも生まれますが、生き残るために機械のように働くことで人間性を失う、いわゆるワーカホリックを生む危険があります。

④グリーン（多元型）組織……ｅｘ家族

ピラミッド型ではありながら、機械的な働き方よりも人間性・主体性が重視され、個人の多様性（ダイバーシティ）も重視されます。従業員を家族のように大事にすることで支え合う組織ですが、合意や意思決定に時間がかかります。

⑤ティール（進化型）組織……ｅｘ生命体・生物

組織の最終段階としての、生命体や生物のような組織です。生物は「生きる」という目的のために体内の様々な器官や細胞、神経、ホルモン等のすべてが自律的に機能します。組織も一つの生命体として「進化し続ける組織の目的」の実現のために、構成員や機能が共鳴しながら自律的に関わっていく、というイメージです。

ティール型組織の段階になると、もはや社長や上司からの指示命令系統はなく、「進化する組織」という目的のために、メンバー全員の信頼にもとづく独自のルールや仕組みを工夫して作り出します。そこにはメンバー相互の信頼にもとづく「共鳴関係」がセルフマネジメントとして存在します。

また、ティール組織はそれまでの「分業型」の組織とは異なり、メンバーは持てる能力のすべてを発揮する、「ホールネス」の状態が実現しています。

近代社会、近代資本主義社会は「分業」によって生産性を高め、発展してきました。経済学の祖であるアダム・スミスは、主著『諸国民の富』の冒頭で有名な〝ピン工場の例〟を挙げ、作業工程を分割して別の人が担当する、いわゆる作業場内分業が生まれたことで、生産力が飛躍的に増大したことを示しています。他方で、分業化された仕事を行う人間は、「部分労働者」として専門分化された仕事の一部を担うことで、賃金がもらえる存在になります。人は、近代の分業労働の下では、本来の自分の能力の一部分しか発揮できなくなってしまったのです。

これに対して、ピラミッド階層も指揮系統もないティール組織では、様々な個性と能力を持ったメンバーが、全人格的に、そのすべてを発揮して実践します。一人が一つのことだけでなく様々な仕事ができ、多様な能力を発揮できるような工夫がされています。

あるスーパーで、レジ打ちの女性パートの方が日によって「肉売場」「魚売場」「野菜売場」の前で順繰りに朝礼を行い、地域に暮らす生活者や主婦としていろいろ意見を言うそうです。すると店の担当者が気づかない改善点を指摘され、売上が上がっていくという話があります。

レジの婦人パートは、レジ打ちという「労働者」である前に、地域に暮らす「一人の主婦」です。その力を活用できるかどうか、つまり組織やチームで働く人が、担当業務以外はみ出ない「労働者」だと思うか（本書冒頭でも、〝金輪際〟何も言わない、という社員の話を挙げました）、地域に暮らす生活のプロとして、持てる力を全部発揮してもらうようにするかで、企業や組織のパワーは大きく違ってきます。

組織の目的や最終ゴールを共有したうえで、仕事のプロセスはメンバーの主体性と自立性に任せる、指示命令系統も硬直した組織役割もなく、各自それぞれが担当に縛られずに、持てる力をすべて発揮していく、というティール組織の発想と考え方は、決して夢物語ではありません。むしろ本書が取り上げた先進的な企業にとっては共通に、見られる傾向です。それは、真に新しい社会を切り開く原動力を持っています。

POINT ▼仕事のプロセスはメンバーの主体性に任せきることで大きな力が発揮できる

あとがき

リーダーがいなくても「人が動く」のがこれからのリーダーシップだ

2011年3月11日の東関東大震災では、改めて自然に対する人間の無力さを感じさせられました。

それに続く原発の問題では、人間はもはや自分たちでは制御できない力を持ってしまったこと、そしてこれまで「専門家」と呼ばれる多くの学者や事業者たちが、いかに無力であるのかということも合わせて、人々の心に刻まれました。

こうした時代の転換期にあって、人間社会の根本的な変化を踏まえた組織やリーダーのあり方について、根本的な懐疑とともに新たな地平と展望を示すのが、哲学者で大阪大学名誉教授の鷲田清一氏です（『しんがりの思想』角川新書）。

日本の近代化は、多くの専門領域と専門家を生みました。出産、育児、家事、教育、行政、司法、介護、防犯、防災、看護や看取り……。かつて、人は自分の家で生まれ、家族や親族、地域社会の中で育ち、自分たちのまちは自分たちで守り（ｅｘ消防団、自警団）、隣とのもめごとは自分たちで解決し、自分の家でお年寄りを介護して、自分の家で死んでいきました。

それが今では、教育は学校、介護は福祉サービス、消防は消防署、生活環境は行政、もめ事は弁護士、看護や看取りは医師や看護師、という形で、「専門家」に委託して対処していく形になっています。

当然、そのようになることが近代国家として発展していくことでもありますが、同時にそれは、従来は家族や地域社会の中で人々が自分たちで考え、対処し、解決してきたことを「その道のプロ」に託し、自分たちの手から手放した歴史でもありました。

＊

その結果として社会は、モノやサービスを「提供する側」と「提供される側」に分かれていきます。

あらゆることを専門家に「丸投げ」することで発達した近代の社会システムは、同時に多くの消費者や「顧客化した市民」を生み、自分たちはあくまでもサービスを受ける側であって、できることと言えば提供者側（行政や企業）にクレームをつけることぐらいになってしまう。その結果、今や「一億総クレーマー状態」に陥っている……ここに鷲田氏は、多くの社会事象に対して「受け身」になってしまった今の人々の「当事者意識の欠落」

を見て取ります。

確かに、ビジネスの世界では、「クレームは宝の山」と捉えて業務改善のモトとするのが常道ですが、ほんの些細なことに過剰な要求をしてくる顧客の存在は、モノやサービスの「作り手」と「受け手」を完全に分断している今の社会を象徴しています。

そしてその流れは、教育分野での「モンスターペアレント」、医療分野での「モンスターペイシェント」など、様々な社会領域に共通して見られる現象になっています。

＊

こうした「作り手」と「受け手」の分断は、組織やチームでも同様です。いかに部下やメンバー一人ひとりが「自分の問題として」仕事に向き合えるようにするか、当事者意識＝今流に言えば〝自分事化（じぶんごとか）〟が多くのビジネスシーンで問題となっていますが、その背景には社会全体で進んできたこの「分断」の問題があるのです。

たとえば「トップのビジョンがはっきりしない」「リーダーの方針がしっかりしてない」↓「だからどうすればいいかわからない」、ということがよく言われますが、正にこれは「政治が悪い」「政府が悪い」「役所が動かない」↓「だから何もできない」、と言っている受け身の発言と同じです。

もっと言うと、組織やリーダーが、強くて明確すぎる「ビジョン」を出してしまったら最後、メンバーはそのビジョンに対して何も言えず、ただそれに従うか従わないか、という状況に追いこまれてしまうことになる。

そこにはもはや「当事者意識」や「自分事化」の余地はありません。ビジョンを示す人と従う人、チームを引っ張る人と引っ張られる人、という分断がある限り、アクティブで柔軟かつしなやかな組織やチームはあり得ません。

＊

鷲田氏は、これからの右肩下がりの時代、いわば下山の時代に必要なのは、強いリーダーの対極にある「かしこいフォロワー」であると言います。

リーダーというのも一つの「役割」にすぎず、いつでもメンバーだれとでも交替できる気構えや関係、立場や専門は違ってもそれぞれがお互いにリスペクトできる関係があってこそ、先行き不透明なこれからの時代に対処できます。

そしてその場合におけるリーダーとは、合戦で劣勢に立たされて退却する時の隊列の最後を務める部隊＝〝しんがり〟であるべきだと説きます。

組織やチームのリーダーについても同様です。これからは、先頭に立って「引っ張っていく」ニホンザル型の「ボス」ではなく、自分の存在自体を「背中で」表すことでみんなの信頼を得るゴリラ型の「リーダー」が求められます。

それはいわば、チームメンバーの力が最大限発揮できるような環境を整え、問題があれば解決し、メンバーが一番働きやすい環境を整備しながら最適な着地点へと導く、〝しんがり型〟のリーダーであると言えます。

正に、これからの時代に求められるリーダーとは、

「リーダーがいなくても、いい組織をつくれるのが真のリーダー」（『しんがりの思想』152頁より）。

なのです。そこにはもはや従来の上下関係もない、勝手に「自分の仕事ではない」と決めつけて何もしないようなメンバーもいない、偏った人事評価も立場の引っ張り合いもない、無理な働き方改革もない、メンバー同士がお互いに承認し、リスペクトし合える関係だけがあります。

＊

イマドキ世代への「伝え方」や「動かし方」を考える中で、ひとつの逆説にたどり着きました。それは「動かそうとすると動かない」「伝えようとすると伝わらない」ということです。本書が示した様々な「伝え方」や「聞き方」の方法は重要ですが、言葉というものはそれが発せられた瞬間にそれに限定・制約されます。

それは、映画「男はつらいよ」で寅さんが〝それを言っちゃあおしまいだ〟というのと同じで、「これが当社の理念だ」「当社のビジョンはこれだ」と言った瞬間に、それに縛ら

れる＝思考停止が起きるということなのです。思考停止、つまりそこで「主体性を発揮する側」と「従う側」に分かれてしまうのです。

確かにビジョンは必要です。組織の成熟度が低ければとりわけ重要です。しかし、多様化と不透明化を極めたこれからの日本社会にあって、強いリーダーの力だけに頼っていくことは、分野や職種に限らず極めて危険なことと言わざるを得ません。

本書が、新たな組織とチームの「地平」を求める方の一助となれば、これ以上の喜びはありません。

草地　真

〈参考文献〉

『多動力』（堀江貴文著／幻冬舎刊）
『聞く力』（阿川佐和子著／文春新書）
『叱られる力』（阿川佐和子著／文春新書）
『嫌われる勇気』（片見一郎他著／ダイヤモンド社刊）
『未来の年表』（河合雅司著／講談社現代新書）
『日本軍兵士』（吉田裕著／中公新書）
『リーダー論』（高橋みなみ著／講談社ＡＫＢ新書）
『若手社員が育たない』（豊田義博著／ちくま新書）
『ライフシフト‐１００年時代の人生戦略』（リンダ・グラットン、アンドリュー・スコット著、池村千秋訳／東洋経済新報社刊）
『だから日本はズレている』（古市憲寿著／新潮新書）
『河合隼雄ウンセリング入門』（河合隼雄著／創元社刊）
『ティール組織』（フレデリック・ラルー著、鈴木立哉訳／英治出版）
『しんがりの思想』（鷲田清一著／角川新書）

『支配の社会学』（マックス・ウェーバー著、世良晃志郎訳／創文社）
『日産　驚異の会議』（漆原次郎著／東洋経済新報社）
『任せる技術』（小倉広著／日本経済新聞出版社刊）
『「いまどき部下」を動かす３９のしかけ』（池本克之著／三笠書房刊）
『言いにくいことを伝える技術』（大野萌子著／ぱる出版刊）
『孫社長のむちゃぶりをすべて解決してきたすごいＰＤＣＡ』（三木雄信著／ダイヤモンド社刊）
『人を動かすファシリテーション思考』（草地真著／ぱる出版刊）
『できる人の時短仕事術』（草地真著／ぱる出版刊）
『なぜスターバックスは日本で成功できたのか』（草地真著／ぱる出版刊）
『日経ビジネスアソシエ』（２０１８年6月号、日経ＢＰ社刊）
『プレジデント』（２０１８年6月18日号、プレジデント社刊）
その他、日経新聞、日経ＭＪ他を参考にさせていただきました。

草地　真（くさじ・まこと）
慶應義塾大学経済学部卒業。経営コンサルタント。
顧客満足、職場の問題解決のスペシャリストとして活躍中。現場改善・仕事の環境改善のための人材育成、人間関係論、チームづくり、マーケティングなど現場に即した組織活性化のための提言をおこなっている。

いつも目標達成《もくひょうたっせい》ができる稼《かせ》ぐチームを作《つく》る

リーダーの「人《ひと》の動《うご》かし方《かた》」

2018年9月21日　初版発行

著者　草地　真
発行者　常塚嘉明
発行所　株式会社　ぱる出版

〒160-0011　東京都新宿区若葉1-9-16
03(3353)2835 — 代表　03(3353)2826 — FAX
03(3353)3679 — 編集
振替　東京 00100-3-131586
印刷・製本　中央精版印刷(株)

ISBN978-4-8272-1140-5　C0034